U0851308

近因效应：结束之于开始同样重要

赵洁◎主编

黑龙江美术出版社

图书在版编目（CIP）数据

近因效应：结束之于开始同样重要 / 赵洁主编. --
哈尔滨：黑龙江美术出版社，2019.5

ISBN 978-7-5593-4942-2

Ⅰ. ①近… Ⅱ. ①赵… Ⅲ. ①心理交往－通俗读物
Ⅳ. ① C912.11-49

中国版本图书馆 CIP 数据核字（2019）第 090401 号

书　　名 / 近因效应：结束之于开始同样重要
JINYIN XIAOYING JIESHU ZHIYU KAISHI TONGYANG ZHONGYAO
主　　编 / 赵　洁
责任编辑 / 李文博
出版发行 / 黑龙江美术出版社
地　　址 / 哈尔滨市道里区安定街 225 号
邮政编码 / 150016
发行电话 /（0451）84270524
网　　址 / www.hljmscbs.com
经　　销 / 全国新华书店
印　　刷 / 永清县晔盛亚胶印有限公司
开　　本 / 880mm × 1168mm　1 / 32
印　　张 / 7
版　　次 / 2019 年 6 月第 1 版
印　　次 / 2019 年 6 月第 1 次印刷
书　　号 / ISBN 978-7-5593-4942-2
定　　价 / 32.80 元

前　言

随着社会的快速发展，人们越来越认识到人脉的重要性。古人就曾经强调过“天时地利人和”的作用，认为“天时不如地利，地利不如人和”，人脉就是现实社会中的“人和”。

在处理人脉关系中，近因效应被人们广泛认可，它能够有效地让老朋友之间始终保持“新鲜感”，能够推动已经有所收获的社会交往活动更进一步，就像一条向前延伸的直线每过一段时间跳一下，向上升高一点后再继续向前延伸。

在熟人间的交往中，近因效应就像一匹野马，如果你能够驾驭它，它会助你事业蒸蒸日上；一旦被反噬，造成的后果也是非常严重的，很可能会导致“分道扬镳”“形同陌路”。因此我们在熟人的交往中，每一次交往都要小心行事。不要因为是老朋友就“忘乎所以”，举止不当，那样只要稍一计较或想歪了，以前的友情就可能前功尽弃。

本书通过一个个生动的故事，为读者详细解读如何在不同的时间、地点、环境中与人沟通中运用近因效应。希望广大读者能够从本书中获取相关的知识，掌握近因效应，开启完美的人生。

目　录

第一章　把握分寸，为长期合作创造必备条件

第二章　进退有度，掌控合作中自始至终的主动权

第三章　临危不乱，从容面对合作中沟通难题

第四章　提升气场，建立良好人际关系的捷径

第五章　胸有成竹，迅速化解尴尬境遇

第六章　为他人着想，友谊才会更加深厚

第七章　化解矛盾，让我们一直合作下去

第八章　用弦外之音让拒绝不伤友情

第九章　掌控人心，让他人愿意与你一路走下去

第十章　心智成熟的旅程

第十一章　事业成功的保障

第一章

把握分寸，为长期合作创造必备条件

有余地，才能从容应对

生活中，经常有人说话时情绪激动，咬牙切齿，恨不得在话一出口的时候，就用严厉得不能再严厉的语气，将其刻在石头上。这样决绝的态度，这样咬牙切齿的面目，导致不管说出多么中肯和合情合理的话，也很难让人接受。世上好心办坏事的例子并不少见，究其原因，就是因为人们在做事时没有留下回旋的余地，导致遇到突发情况时，只能继续硬着头皮往上冲，根本不能退缩，或者做出其他更合理的选择。其实，不仅做事如此，说话也同样需要注意这一点。一旦把话说绝，当事人都无法抹开面子，就算想回旋也没有台阶下。从某种意义上来说，语言只是沟通的介质，并不是实质性的内容，何必在说话时过于较真和激动呢？常言道，有理不在声高，当然，决心也无须用决绝的话表达出来。真正让人敬佩的是这种人，他们说话时总是温言细语，柔声细气，但是似乎有一种不怒而威的力量，让人不得不重视他们所说的每一句话，将其牢牢地记在心间。而且，你绝不可能从他们口中听到失去理智的话，甚至他们还会给你很多可能性供你选择。这就是不卑不亢，绵里藏针的语言智慧。在这样的语言智慧下，当事人可以非常从容地做出选择，根本无须担心自己的话会把自己或者他人逼入死角。

现代社会，很多人都脾气暴躁。也许是因为生存压力巨大，也许是因为生活中的诸多不如意，总之，他们就像是工艺粗糙的炮仗，轻而易举地就会被点炸。如果两个这样的年轻人遇到一起，争执也会随之而起。实际上，说话决绝有什么好处呢？不但是逼迫别人，也是逼迫自己，甚至还会把事情弄得更糟糕。真正聪明理智的人，会保持良好的心态，以最友好的方式和他人交流，这才是解决问题的根本办法。尤其是在职场上，很多人一旦工作上有了突出的表现，就会恃才傲物，不把所有人看在眼里。殊不知，人外有人，天外有天。只有摆正自己的位置，努力做好自己该做的事情，一如既往地尊重同事，你才能拥有更加平坦的职业生涯。

万事万物都处于发展和变化之中，在对待一切问题时，我们都应该以辩证唯物主义的眼光客观分析，再以发展的眼光随时保持调整的状态，这样才能与时俱进。很多人喜欢墨守成规，即使做错了事情，也拒绝认错。还有些人则善于据理力争，一旦占据道理，就得理不饶人。这样的行为，都只会给我们带来伤害。俗话说得好，人是活的，石头是死的。作为灵活的人，我们必须根据现实情况调整心态，把握人生。在这个世界上，任何奇迹都有可能发生，任何意外也有可能随时出现。我们必须灵活地运用语言，才能更好地协调人际关系，更融洽地与人交流。

为了研究说话的分寸，美国斯坦福大学的两位学者曾经专门展开了一项实验。在这个实验中，实验对象是若干家庭主妇，实验的目的是研究如何有余地地说话，才能让自己的请求不被拒绝。

他们首先打电话给约翰夫人："您好，我是消费者协会的工作人员。为了了解消费情况，我们想请教您几个问题，是关于家庭日常消耗品的。""好的，没问题。"约翰夫人很容易就答应了。随后，他们提问了几个关于沐浴露和洗发液品牌的问题。过了几天之后，他们又打电话问约翰夫人："您好，我们前几天打过电话给您。为了调查更加深入，我们能否派出几个工作人员去您家里，亲自和您探讨关于家庭日用品消费的问题？"结果，约翰夫人只思考了几秒钟，就表示欢迎。

为了对实验结果进行对比，他们又对其他家庭妇女进行了不同的实验。在这一组实验对象中，他们首先打电话给亨利夫人："您好，夫人，我是消费者协会。为了了解情况，我们想派出几个工作人员去您家里了解情况，希望您能同意。"不出所料，亨利夫人坚决表示拒绝。甚至在给其他实验对象打电话时，他们刚刚说了去家里了解情况的请求，电话就被挂断了。

接受陌生人来自己家里，这本来就是一个很容易遭到拒绝的请求。然而，两位学者先是采取了迂回曲折的方式，让事情留有余地。对于在电话里简单回答几句，人们还是更容易接受的。因而，第一种方式首先从心理上打开了约翰夫人的防范之门，接下来几天之后才又提出上门之请。在第二个实验小组中，实验者一上来就提出了让人马上就会产生警惕心理的请求，因而很难行得通。此外，第一种方式中，大多数采取疑问的方式，征求被实验者的同意。第二种方式中，则是以通知的方式，不给实验对象选择的空间。这样一来，自然更容易导致实验对象的反感。

不管什么时候，我们与人交流都应该留有余地，这样才能回旋自如。假如总是说起话来咄咄逼人，则很容易让人心生反感，自然也就难以得到对方的理解了。

遇事点到为止

常言道，良药苦口利于病，忠言逆耳利于行。古人留下的这句训诫，至今让很多人误以为必须直截了当，才能说出对他人有帮助的话。然而，如果你帮助了别人，你的建议被别人接受了，但是你因此而得罪了这个人，让他再见到你时横眉怒目，恨不得躲着你走。这样的结果，未免让人感到遗憾。现代社会讲究高情商，很多事情都可以以迂回曲折的方式解决，包括说话，包括训诫，也都可以以委婉的方式进行。既然如此，我们为何不能以容易让他人接受的方式，表达我们的劝诫，让他人乐于接受，还能在受益之后感谢我们呢？这样皆大欢喜的结局，岂不是更好？

常常看到有人在批评或者指责他人时，总是一遍又一遍不留情面地呵斥。这样的做法，无异于让对方丢尽脸面。即使是三岁孩子，也会觉得无地自容。最终的结果或者是引起逆反心理，或者是导致分道扬镳。事实上，说话也要分情况。有些人自尊心很强，内心也非常明白事理，如果他只是因为一时糊涂犯错误，那么最好的方式就是点到为止。如果有的人厚颜无耻，总是一而再再而三地犯错误，即使说了很多遍也不管用，那么就应该想想除了语言之外，还有什么其他的方式可用，以督促他恢复自尊和自信，更有尊严地活着。总而言之，就算对待小孩子，也不要一味地批评，毫不留情面。很多话，根本没有必要说得那么透，点到为止就好。

古人常说，一字千金，字字珠玑。这些词语都是用来形容语言的宝贵。试想，如果一个话痨整日对着你唠叨，你还会把他的话听进心里吗？你只会将其当作耳边风。相反，如果一个人平日里惜字如金，偶尔对你说几句点拨的话，你一定会凝神细听，还会认真反省自己，从而更好地改进自己。这样说话，才是真正的忠言不逆耳，才能达到目的。商朝末年，商纣王非常昏庸，整日沉溺声色。为了国家，丞相比干冒死进谏。一次、两次、三次……最终，商纣王一气之下，将其处以剖心的死刑。这样的劝谏方式，尽管表现了比干的深明大义和视死如归，却死得不值。如果比干能够采取一种更合适的方式，不但能保全自己的性命，还能让商纣王采纳他的进谏，改变昏庸的作风。当然，比干已经死了数千年，这条经验和教训，只能留给后人引以为戒啦。很多时候，把话说得太透，不给对方留颜面，反而会导致事与愿违的结果。聪明人不会处处咄咄逼人，而是手下留情，让对方自我反省，自我提升。

很多事情，我们在做的时候都要留有余地。很多话，我们在说的时候，也要留有余地。因为很多人和事，一旦看透说透，就会让人兴致索然。真正聪明的人，会把话说得恰到好处，看破而不说破，才能给自己和别人都保留更大的空间。

察言观色，注意适当的场合

有这样一句俗语：“哪壶不开提哪壶”，意思就是说：说话不注意场合就容易失去分寸，更会使我们所说的话的本意出现扭曲，造成双方不快。

在现代社会的交际中，一个年轻人的说话能力往往决定了他的人际关系。年轻人要懂得投其所好的道理，不要揭别人的短，很多时候，装装傻倒可以让你赢得更多的赞同。而如果你非要表现自己擅于“发现”的能力，非要哪壶不开提哪壶的话，不但不能让你和对方在感情上更进一步，反而会惹人讨厌。

在不同的场合，年轻人说话的时候要讲究一些技巧，才能让你给对方留下一个好印象，加深你们之间的感情。说话的时候要三思而行，不要心急口快，你要考虑一下这是不是触及了对方的敏感区域，是不是对方所忌讳的。

早年毕业于某高等院校中文系、辛辛苦苦工作了几十年的张老师退休了，为此，学校准备给他和另外一个多次获得先进奖励的老同志一起办一次欢送宴。同时，学校还借此机会，让学校里刚来的几个新老师和张老师见一下，为了日后的教学工作可以向他请教。当两位受欢送的退休老同志致辞的时候，他们对大家的赞誉做了由衷的感谢。一时间，会场里充满了一种令人动情的温馨气氛。作为答谢，话本该说到这里为止；然而，张老师却并未就此打住，却由人们对另一位"先进"的赞扬中引起了感触，并做了颇为欠妥的联想和发挥："说到先进，很遗憾，我从没有得过一次……"，坐在他对面的青年教师突然抢了话头：

"不，我听说了，那不是你的错，是那些老师不好，不是你不配当先进，是怪他们没有提你的名。"话语中让人听着似乎带着一种不肯饶人而又让人难堪的"刺"。冷不防，张老师的眼角眉梢被"刺"出了一股感伤的表情，一时间会场中出现了一种尴尬气氛。一位领导见势不对，马上接过话茬儿，想把气氛缓和一下。照理说，这时，他应避开"先进"这个敏感的话题，转而谈论其他。然而，他却反反复复劝慰张老师，叫他对"先进"的问题不要在意，说没有评过先进，并非等于不够先进，先进不仅仅在名义，当然还更要看重事实等，一席话，也就等于把本应避而不谈的话题做了重复与引申，使本已尴尬的局面显得更加尴尬。

这样一个本来很欢快的气氛就因为那个青年教师的揭短而变得尴尬了，而这个领导更是火上浇油，虽然他的本意不在此，可是却将场面变得更加尴尬。这个场合对那个青年来说本来很重要，因为这是他和张老师的第一次见面，这次见面本来可以加深他和老教师之间的感情，可是却因为他不小心，"哪壶不开提哪壶”。可想而知，事情之后，他给老教师们留下的也是很坏的印象，老教师也就不可能会把几十年的工作经验向他传授。

揭别人的短就是让别人陷入了尴尬的境地，你想，一位勤勤恳恳工作了一辈子的老前辈即将退休时，却让你这个不懂人情世故的后生毁了形象，他肯定心中不快，自然你和他之间不会加深感情，反而会让他对你产生厌恶感。

所以，作为二十几岁的年轻人，在和人打交道时，千万别“哪壶不开提哪壶”，这样会让对方很尴尬，想加深感情更是无从谈起，年轻人应该掌握灵活的说话技巧，才能让你的人际关系越来越好。

第二章

进退有度，掌控合作中自始至终的主动权

不卑不亢才能达到自己的目的

生活不会总是一帆风顺，反而常常让我们觉得无奈和焦虑。那么，当生活不如意时，怎么办呢？也许有人会说，应该继续努力，这样才能更好地改善生活，让它向着我们期望的方向发展。然而，还有很多不如意是人为导致的。人是群居动物，每个人作为社会的一员，在人群中生活和工作。如此一来，因为每个人的脾气秉性都是不同的，就很容易发生矛盾。简单来说，人际关系就是人与人的相处；复杂地说，人际关系是人们像刺猬一样依偎在一起取暖，既要顾全自己，也要顾全他人。因而，人际关系就成了当代的头等难题。尤其是现代社会，人们必须相互合作和协调，才能更好地生活与工作。如果人际关系不顺，则影响方方面面。

与人友好相处，这当然是每个人都明白的道理。例如，我们从小就被教育要懂礼貌，尊老爱幼，尊敬长辈，遵从上级的安排，不要欺负弱小，等等。然而，并非是我们不犯错误，就没有矛盾产生。这就像是你开着车在路上行驶，你遵守交通规则，并不意味着绝对不会发生意外。一个经验丰富的司机，知道不但要保证自己遵守规则，也要时刻防范着他人违规操作，只有两方面配合，才能避免意外的出现。做人做事也是如此，我们在规范自己言行的同时，也要协调他人，才能让生存环境更美好。那么，当你受到他人的恶意欺负时，应该怎么办呢？是奋起反抗，还是忍气吞声？这两种办法，对于整日在一起的同事而言，显然都不是最好的办法。思来想去，还是应该表达自己的情绪，这样才能避免再次被欺负。当然，也要注意不能撕破脸皮，这样才能继续在自己需要对方的时候保持合作的关系。这就要求我们要不卑不亢，说起话来必须绵里藏针，让对方意识到你虽然不主动欺负人，但也并不是好欺负的。

高中毕业后，叶子没有考上大学，就进入一家理发店，跟着师傅学手艺。基本功的练习时间是三个月，在这三个月里，叶子学会了很多理发的技能。眼看着三个月时间到了，叶子被获准为顾客理发。当然，这个时期她的水平还不稳定，依然需要师傅的全程指导。有一次，一位年轻的男士来到店里，并没有指定理发师为他理发。因此，师傅让叶子为男士理发。理完头发之后，原本一声不吭的男士似乎觉察到叶子是新手，因而挑剔地说："哎呀，我一个不注意，你怎么就把我头发剃得这么短呢，这让我怎么出去见人啊！"看到男士挑衅的样子，叶子很紧张，不知道说什么才好。这时，师傅走过来说："这位先生，请问您有什么问题？"男士再次表达不满，师傅不卑不亢地说："现在是夏天，如果没有特殊要求，我们都会为男士理得比较清爽些。您不觉得，这样更精神、更干练吗？我觉得你理发之后，比刚刚进门时，年轻了好几岁呢！”听完师傅的话，男士无言以对，只好笑笑离开了。

第二天，叶子又负责给一位女士理发。这位女士想把长发剪短，说夏天太热了。看着女士的及腰长发，叶子久久下不去手，再三和女士核实，才帮其剪掉头发。理完发之后，女士觉得头发留得有些长了，坚持让叶子给她打折。叶子连连摆手，说自己没有这个权力。看到叶子为难的样子，师傅走过来，对女士说：“女士，您一看就是非常有素质的人。我觉得，看你的谈吐气质，您一定事业有成，也许是个领导吧。虽然现在是夏天比较热，但是以您的身份地位，并不适合剪得太短。这样长一些显得很有内涵，而且符合您的气质呢！”听到师傅的话，女士觉得很满意，便付款走了。这时，叶子敬佩地对师傅说：“师傅，您太厉害了，短有短的好处，长有长的理由。”师傅笑着说：“叶子，在以前，理发是个下等活儿，一向不受人尊重。的确，理发是伺候人的活儿，而且很有可能要和三教九流、不同品性的人打交道。所以，你除了练习理发的技巧之外，还要学会如何绵里藏针地应对客户的挑剔。昨天和今天的这两个客户，都是想在理发之后挑点儿刺，要个折扣。只有不卑不亢地对付他们，他们才能偃旗息鼓。”叶子连连点头，说：“我知道，师傅。赞美他们，抬高他们，也表明我们的态度，他们就不好意思继续扯皮啦！”师傅笑着说：“孺子可教也。”

在这个案例中，师傅每次出面都不卑不亢地应对客户的刁难，并且还会给客户戴高帽子，赞美他们，如此一来，客户自然不好意思再继续为难他们。在这种情况下，如果与客户吵闹、辩驳，反而会导致事态更加严重。师傅的做法，无形中化解了矛盾，也让客户看到无机可乘，只得乖乖结账走人。

生活中，不仅仅是理发师要面对不同的人。作为每一位社会成员，都有机会与形形色色的人打交道，也就注定了我们要面对不同的情境。当遇到类似的情况时，我们既不能服软，也不能故意激怒对方。最好的做法就是绵里藏针，无形之中让对方领悟到你的坚定态度，使其认清形势，从而乖乖地改变态度。

用玩笑话回应争执的智慧

在人与人相处的过程中，由于每个人的利益出发点不同，也因为每个人的脾气秉性不同，难免时常发生摩擦和碰撞，导致出现不愉快的局面。这种尴尬的时刻是每个人都不想遇到的，但是又难以避免。其实，有的时候人们之所以发生争执，就是因为过于较真。生活中哪有那么多绝对的是非呢？大多数情况下，事情都是有其两面性的，只要能够客观辩证地看待，就没有什么解决不了的事情。还有些时候，固执的人会坚持自己的观点和看法，完全不在意他人的感受。遇到这种情况时，尤其是当你面对的人并非是平辈或者是平等职位的人时，直接争吵或者争执，显然是不合时宜的，也是得不偿失的。如果能够巧用玩笑话，表达自己的心声，则不但能够避免自己尴尬，也能够避免领导或者上级尴尬，可谓一举两得。

这里所指的玩笑话，其实是指以玩笑的口吻说出来的真话。听起来像是玩笑，实际上表达的是当事者内心的真实感受。如果对方觉得这话可以接受，则皆大欢喜；如果对方非常抵触和排斥这样的玩笑话，又因其玩笑的方式而不好意思直接翻脸，只能搪塞过去。这样一来，彼此心知肚明，却没有显而易见的裂痕，也为事情未来的发展奠定了基调，留下了弥补的空间。这样的玩笑话，必须拿捏好分寸，就像做菜一样，只有掌握好火候，才能色香味俱全，起到以一当十的效果。

大学毕业后，李林进入一家新成立的公司工作。他其实是想进成熟公司的，但是那些公司应聘的门槛都很高，他只好安慰自己与新公司共同成长啦，还调侃自己有一天也许会成为元老级人物呢！前段时间，公司购置了很多电脑，准备修建机房。然而，领导只批了修建机房的相关费用，却不批准安装空调的经费。领导对此美其名曰：作为刚毕业的大学生，过于安逸的环境一定使人斗志全无。热一点有什么关系，其他办公室不都是只有吊扇么。大家照样干得十分起劲，为公司创造效益。作为机房负责人的李林再三解释，告诉领导机房必须安装空调，否则机器就会因为散热不佳而受到损害。然而，领导依然固执己见，不愿意采纳李林的意见。

此后，领导为了学习其他公司的先进经验，便带领几个骨干成员组成的考察队去其他公司考察和学习。作为单位里的新鲜血液和计算机专业人士，李林虽然进入公司时间不长，但也进入了考察团队之列。在参观到其他公司的机房时，李林感觉到冷气开得很足。他灵机一动，问当时负责接待他们的人员："您好，请问你们的机房为什么要把空调制冷开得这么足啊?"负责人笑着说："你刚刚大学毕业，应该对于电脑产品很熟悉啊。如果不开足冷气的话，主机就会因为散热不好，导致瘫痪，甚至还会损坏数据，这样一来损失可就不可估量了啊！"李林故意大声笑着说："哦，原来是这样啊！空调的电费可比不上一台电脑服务器值钱，您说呢，领导？"领导尴尬地笑了笑，刚刚回到公司，就特批给李林一笔经费，让李林赶紧给机房安装空调。

李林知道，领导之所以不同意装空调，主要是为了节约经费和办公开支。借着参观其他公司机房的机会，李林故意让领导听到从其他公司的专业人士口中说出的理由：不装空调，机器散热不及时，会导致数据损坏。由此一来，领导意识到自己的观点落后，还误解李林爱享受，因而在回到公司之后马上特批机房安装空调。这完全归功于李林的机智和风趣。他抓住机会，巧妙地和领导开玩笑，点破领导。这么做，既保全了领导的颜面，也让李林达到了自己的目的，为机房中服务器的正常运转提供了基本条件。

人际关系的确是非常复杂的，尤其是晚辈对长辈或者下级对上级，往往因为身份的差别，导致很多话不能直接说出来。即使发生争执，也不能畅所欲言。大家不妨借鉴李林的方法，抓住合适的时机，以说笑话的方式调侃，间接地表达自己的意见或者建议，从而达成目的。

礼貌谦让，才能长远合作

生活中有很多老好人，脾气好、性格好、忍耐力好，因而大家习惯于支使他们，漠视他们。当然，吃亏是福，生活中吃一点小亏并没有关系，毕竟帮助别人的同时自己也能得到极大的快乐。然而，倘若老好人出现在职场里，则前景堪忧。同事之间的关系，既不同于同窗情谊那么纯真，也不同于朋友之情那么真挚。除了在少数成为朋友的同事之间有真正的友谊之外，大多数同事都是因为利益团结在一起。这也就意味着，职场上通常只有永远的利益，而没有永远的情谊。很多职场人士在初入职场时，都曾有过被同事背叛的经历。例如，你辛苦地帮同事做好报表，但是在报表出错时，同事却把责任都推卸到你的身上；你辛苦地帮助同事加班，同事却心安理得地领取了加班费；你明明很忙碌，同事依然再三拜托你帮他分担原本属于他责任范围的工作，却丝毫没有对你表示感谢……这些事情，在职场上都是屡见不鲜的。这就决定了，我们不能成为职场上的老好人，否则就会变成有求必应的滥好人，虽然做了很多不属于自己的工作，最终却连个好都落不着。

同事之间，谦让当然是应该的，但是谦让要有度。我们不可能一让再让，不然别人就会觉得我们理所应当谦让。实际上，谦让是情分，不让是公道。职场上，不管是男人还是女人，也不管是年轻的人还是年老的人，一律都是平等的。既然是平等的，就没有谁天生该让着谁。要想让同事关系保持融洽，并且与同事长久地合作，谦让就一定要有度。虽然我们在谦让或者帮助他人时，不应该奢求回报，但是最起码得到帮助的人应该心怀感激，否则我们的付出就是毫无意义的。假如你也曾是职场上的老好人，总是谦让别人，那么从现在开始，一定要明确自己的权利和义务，做到谦让有度，切勿过度谦让。

魏巍是个特别好说话的人。在单位里，大家都称他为“魏大好人”。因为这个称呼，每当有同事提出让魏巍帮忙加班，帮忙赶文件，甚至让魏巍帮忙接孩子，魏巍从来都不好意思拒绝。渐渐地，每个人有了困难都找魏巍。魏巍下班的时间越来越晚，甚至忙得没有时间吃饭。这不，夏丽刚刚对魏巍说：“魏巍，帮我把这份文件检查一下吧！”夏丽的语气，不像是请人帮忙，倒像是一个领导在安排下属的工作。每当单位里需要几个人一组合作完成某项任务时，大家也总是抢着和魏巍一个组。原来，魏巍什么活儿都抢着干，但是从来不争功劳。就这样，魏巍不但是个大好人，也是个默默无闻的人。眼看着，那些和魏巍同期进入公司的人里，很多人都已经得到提拔，成为中层干部。甚至有些比魏巍晚几年进入公司的人里，也有人成了项目负责人等，只有魏巍，依然和刚进公司一样。

妻子看到魏巍十几年如一日地默默无闻，不由得抱怨起来。迫于妻子的压力，魏巍决定改变自己。这次项目完成后，魏巍没有像往常一样听其他合作伙伴做报告，而是主动请缨，要向领导汇报工作。这时，原计划作为项目代表的小李不高兴了。看到魏巍的态度，小李不屑一顾地说："哎哟，你这是想争功劳啊。"魏巍很不好意思地说："实在对不起，以往咱们合作完成项目，都是你们做报告。这次，如果我再不去找老总做报告，估计老总都不知道我也是公司的一员了。"尽管魏巍在这次项目完成过程中做出了很大的贡献，而且也起到了至关重要的作用，但是大家显然对他抢着要做报告很不适应。的确，魏巍从来不抢着出风头，他这么一来，原本应该他做报告的事情也被以讹传讹，大家纷纷说他要抢功。此时，意识到自己不争功劳才是错误的魏巍，坚定不移地说："每个人都有做报告的权利，轮也轮到我了，我问心无愧。"

魏巍是个老好人，从来都是默默无闻的，不和同事们争功劳。然而，一个人职业生涯的黄金时期是非常短暂的。妻子说得对，如果魏巍再不改变，也许会碌碌无为一辈子。在妻子的建议下，魏巍决定改变工作的方式，进入老总的视野，谋求发展。这时，他才惊讶地意识到，大家已经把他以往的谦让变成理所当然了，反倒是他享受自己的合法权益时，大家都觉得他是在争抢。这个发现让魏巍很伤心，也很警醒。

对于老板来说，职员存在的意义就是他在创造价值。如果一个职员变得像空气一样，让老板甚至无法感觉到他的存在，这不得不说是一种莫大的悲哀。朋友们，你们是否也曾像魏巍一样过度谦让，甚至被别人认为一切谦让都是理所当然的呢？如果你的身上曾经出现过这样的状况，那么你一定要警惕了。职场上，为自己争取功劳是完全合乎情理的，也是职业发展的需要，任何人都不要无条件地让出自己的功劳。

让对方给予你肯定

大卫是一位推销电动机的推销员，一次他去拜访一家公司的老客户，准备说服他们再购买几台新式电动机。在去之前大卫和这家公司的工程师通过电话，了解到工程师昨天到车间去检查，用手摸了一下前不久大卫推销给他们的电动机，感到很烫手，便断定大卫卖给他们的电动机质量太差。

当大卫刚踏进那家公司的门口，就遭到了对方工程师的拒绝，那名工程师说："大卫，你又来推销你那些破烂了！你不要做梦了，我们再也不会买你那些玩意儿了！"

大卫冷静地考虑了一下，心想如果与对方辩论电动机的质量好坏，肯定于事无补。于是他便采取了另外一种思路，他对工程师说："好吧，我完全同意你的立场，假如电动机发热过高，别说买新的，就是已经买了的也得退货，你说是吗？"

"是的。"工程师回答说。

"你是知道的，任何电动机工作时都会有一定程度的发热，只是发热不应超过全国电工协会所规定的标准，你说是吗？”

“你说得对，是这样。”

“如果按国家技术标准，电动机的温度可比室内温度高出42℃，是这样的吧？”

“是的。但是你们的电动机温度比这高出许多，昨天还差点把我的手烫伤！”

“哦，是这样。那么请问你们车间里的温度是多少？”

“在24℃左右吧。”

“这就对了。车间是24℃，加上应有的42℃的升温，共计66℃左右。那么一个人把手放进66℃的水里是不是会被烫伤？”

“嗯，好像是的。”

“这就对了啊，所以以后千万不要去摸电动机了。我们的产品质量，你们完全可以放心，是绝对没有问题的。”

就这样大卫凭借让对方说“是”的能力，又做成了一笔买卖。

让对方说“是”，是一种说话的艺术，如果你学会了这种艺术，你将终身获益。当一个人在说话时，如果一开始引导他来说“是”，那么他已经在内心深处有了肯定的一面。这时候内心的抵抗和戒备就会完全放松，这样交流起来的气氛就会融洽很多，对方也容易放弃自己原来的偏见，转而同意对方的意见。在这个案例中，大卫从一开始就引导工程师回答“是”，从而抓住了问题的主动权，使谈话的结果向着自己更有利的方向去发展。

那么，到底如何才能让对方说“是”呢？以下几点，值得借鉴。

1．把要说的话说对

卡耐基曾经说过，人是不可能被说服的，天下只有一种方法可以让任何人去做任何事，那就是让他自己想去做这件事。而让他自己想去做这件事，唯一的方法是让他认为你说的是对的，让他认为他是在遵循对的东西才这样做。

比如说一个顾客拿着一件商品舍不得放下，这时销售人员就不应问顾客喜不喜欢，想不想买这样给顾客选择性的提问。因为你问顾客“想不想买”“喜不喜欢”时，顾客可能就会回答“不”。因此，在这个时候你一定要明白一点，顾客拿着那件商品，一定是他喜欢的，所以你应该问：“你一定很喜欢，是吧?”这时顾客肯定回答“是”。因为你说的是对的，他拿着那件商品舍不得放下，确实是他所喜欢的。

2．创造出对方说“是”的氛围

奥佛斯屈教授在他的《影响人类的行为》一书中说：“当一个人说‘不’时，他所有的人格尊严都已经行动起来，要求把‘不’坚持到底。事后他也许会觉得这个‘不’说错了，但是他必须为了自尊心而坚持说下去。因此，使对方采取肯定的态度，是一件特别重要的事。”由此可知，在和对方交谈的时候，要避免对方说“不”的气氛，一定要创造出对方说“是”的气氛。比方说，你在和对方谈话的时候，我们应该把自己置于“是”这一情境之中，将对方可能采取的反对意见铭记于心，同时，还应牢记我们所熟知的对方的观点。你还可以运用肢体语言，当你在问别人“是这样吧?”“一定是吧?”等让对方回答“是”的肯定后，你一定要先点头给对方造成一个“是”的气氛。

第三章

临危不乱，从容面对合作中沟通难题

沉住气，才能成大器

在生活中，我们经常会遇到一些不顺心的事情，比如自己的正确意见不被别人接受，个人的做事方式难以取得别人的理解，这些不愉快往往会把我们推进十分尴尬窘迫的环境中去。每当碰到这种情形的时候，有不少人会沉不住气，要么为自己的意见和建议进行大声的争辩，要么指责别人的迂腐或者是别有用心的破坏。当一个人采取这种方式的时候，就会显示出手忙脚乱、情绪失控来，只能让事情更加恶化，却不能让问题得到最终的解决。既然这样只能给别人留下笑柄，那么我们倒不如改用沉默的态度来对待它。当你采用沉默的态度时，就能够显示出你的不在乎和不介意，也就能够在气势上征服对方。我们应该知道，只有缺乏实力没有信心的人才会十分看重别人的脸色和评论，而真正的强者，是不会介意任何外在因素的。

古希腊有一句民谚说："聪明的人，借助经验说话；而更聪明的人，根据经验不说话。"沉默是一种品格，沉默也是一种境界，沉默使人获得力量，沉默是智慧的人生，沉默的境界是有力量的境界。

有些人在交际生活中，无法接受口舌上的失利，总要做出拍案而起的动作，这样或许能显示出一个人的血性，但更多的却是不成熟和好冲动的心理特征。这样的做派，或许能在争论中占上风，但赢得了辩论，却失去了风度，最终必将是得不偿失。

在工作和生活中的一些交际场合里，面对尴尬和窘迫以及慌乱的场景，如果我们达不到泰山崩于前而色不变的境界，那么就不妨克制一下自己，做到以下三点：

1. 不失礼

交际场合是最注重礼节的地方，哪怕处在盛怒之中，也要保持一定的礼节，以表现出你的修养和心胸。比如，当别人在你面前说些刺耳的话时，你不能因为怒火中烧而对别人恶言相加，更不能有抱以老拳的粗鲁行为，最佳的选择是沉默和冷静。如果做不到这一点的话，可以运用口才的技巧进行得体的反驳和纠正，只有这样才会消除别人对你的误解或者捉弄，如果用失礼的行动去对待的话，只会起到越描越黑的负面效果。

2. 不失态

当一些不如意的事情出现在你身边的时候，从很大程度上来说，这也是一次见证你人生态度和处世修养的机会。言语上的不合或者事情上的不顺心给一个人的内心带来波动是很正常的现象，面部表情发生相应的变化也在情理之中。不过，凡事都需要讲究一个度，应该学会控制自己的情绪，不能让面部表情处于阴晴不定的状态，努力做到喜怒不形于色。如果面部表情超出了一定的范围，那么，就是失态的表现。一个人的失态，就表明了感情冲动难以控制，更表明了一个人思想上的不成熟。失态之后做出的种种举动，在别人看来，是十分幼稚和荒唐的，经常处于感情失控状态下的人，在交际场合中也就很难受到别人的欢迎。

3. 不失言

失言和失态是因果的关系。人很容易在失态的情况下口不择言，对别人恶语相加，从而造成严重的后果。人们常说“口舌如利剑”，一些不合时宜的言语很容易伤害到别人的感情，更会给自己带来无尽的麻烦。因此，在尴尬窘迫的处境中，你应该控制自己的情绪，哪怕有任何正当的理由，也要在停顿一分钟之后说出你要说的话，只有这样，才不会“祸从口出”，给自己惹下麻烦。

得体的恭维，成就不一样的自我

有两个钓鱼高手经常在一起比赛钓鱼。这天他们俩又相约去垂钓，结果两个人还跟往常一样各凭本事、大展身手，一会儿工夫就钓了好多鱼。

他们的钓鱼比赛引来了很多的游客争先观看。游客们看到这两位高手很轻松地就把鱼钓了上来，都十分地羡慕并且有人跃跃欲试。于是就有人去买了垂钓工具也想试试手气，没想到那些游客竟一条鱼也钓不上来。

两位钓鱼高手，一人性格孤僻不爱搭理别人，专心钓自己的鱼儿；而另一位却是个热心肠的人。

那位热心肠的高手看到游客钓不上鱼而焦急，就对他们说："这样吧，我来教你们钓鱼。如果你们学会了我传授的诀窍，而钓到一大堆鱼时，每十尾就分给我一尾，不满十尾就不必给我。"

双方都很乐意地接受了这样的提法。

就这样，一天下来那位热心肠的高手一直忙于给别人传授钓鱼的方法，竟获得了满满的一大篓鱼。而那些学习钓鱼的游客，左一声“师傅”，右一声“老师”叫得那热心肠高手的心暖洋洋的。

当大家都围绕着热心肠的高手学习钓鱼时，那位性格孤僻的高手显得更加孤单寂寞。一天下来，才发现自己努力专心钓到的鱼还是没有同伴钓的多。

观察需要超然的洞察力。有时候通过细心观察，我们可以得到意想不到的收获，也可以为自己的成功寻找一块垫脚石。故事当中热心肠的垂钓高手就是因为通过观察周围的情况，才使他获得了这个“授人以渔”的机会，也使他赢得了别人的称赞。

要想使自己的事业稳操胜券，在生活中就要学会寻找通向成功的道路。寻找成功的机会，就要具备超敏锐的洞察生活的能力，有时候这种机会还需要自己去创造。那么，我们怎么样才能寻找到自己在通往成功道路上的那块垫脚石呢？

1. 适时地恭维，才能获得对方的认可

在人与人正常的交往当中有一种礼仪叫作恭维。恭维不是我们去拍别人的马屁，也不是与别人去套近乎，更不是去故意贿赂别人。生活告诉我们，在与人交往的时候需要恭维别人，而这种恭维只是适时地恭维。

一个人要是不去学着恭维别人，那他的生活交际圈子就会越

来越小。只有学会了适时地恭维对方，对方才对你有感觉，才能注意到你的存在。例如，前面故事当中的那位性格孤僻者，他没有去恭维游客，而游客也不会去和他套近乎，甚至都没有察觉到还有这样一位垂钓高手的存在。所以，要学会恭维别人，只有你先发制人，适时地恭维了对方，你才可以得到对方的欣赏和帮助。

2. 满足对方就是满足了自己

“给你五个苹果，你一个人吃了只有一种口福；当你把这五个苹果分给五个人吃的时候，你就会得到五种口福，甚至是得到了五位朋友。”生活的确如此，当你一个人满足了的时候，就会觉得孤独；当你满足了别人时，你首先在自己的心里就获得了一种满足，这样你也就心满意足了。

3. 有付出就有回报

在我们的生活当中，“礼下于人必有所求”的现象经常有之，而还有一种与之对应的现象就是“不求回报，只图付出”。一个道德高尚的人，无论在何时首先想到的总是别人。

也就是说，只要有付出就会有回报的。当你恭维了别人，满足了对方的一个需求，哪怕只是满足了对方的一点虚荣心，你给他的印象总是好的，他就觉得欠了你一个人情，便始终找机会还你这个人情，那时候你也就自然而然地得到了回报。而当你有求于人的时候，你要是不去恭维他，他就会觉得这个人比较高傲，看不起他对你的帮助，所以他也就不会很顺利地给你做事。

试着去恭维别人，先发制人，满足他的那点虚荣心，给自己通往成功的道路上多寻找几块垫脚石吧！

第四章

提升气场，建立良好人际关系的捷径

自信的你才有强大气场

在有如恒河沙数的网络小说中，近年来出现一类被称为“霸道总裁体”的小说。在这类小说中，作者塑造的男性主人公无一不是功成名就、帅气多金，一出场就吸引着众人的眼球，更是让女性为之“痴狂”。他像宇宙的中心，言谈举止间散发着神秘的魅力，让人不得不关注他。而这种神秘的魅力，就是我们常说的“气场”。

简单来说，气场其实就是一种能量场，它是一种看不见、摸不着，但只能让自己和他人感受到的心理状态。心理学家说，气场是感觉；交际学家说，气场是影响力。每个人都有自己独特的气场，只不过有强弱之分。气场强的人，周围的人都能受到他的影响；气场弱的人，总是被人忽视、受人冷落，或是在不知不觉中受气场强的人影响。一个人的气场不是短期内就能改变的，需要长久的努力和坚持。气场的强弱，首先要看自信的程度。可以说，自信心是气场的支柱，也是气场的力量源泉。世界球王迭戈

·马拉多纳之所以能够一次次成功，一次次带领球队赢得奖杯和人们的掌声，与他那强大的气场是分不开的；而他在球场上的气场特质，就是自信与霸气。

1960年10月30日，在阿根廷首都布宜诺斯艾利斯的一个贫困家庭中，马拉多纳降生了。在阿根廷，足球是最受欢迎的话题，和一日三餐一样重要。马拉多纳3岁时，父亲给了他一个皮革制作的足球，正是这个足球，开启了马拉多纳的传奇。他立刻爱上了踢球，身材矮小的他，还在街头的足球游戏中，慢慢学会了与那些高大对手对抗的技巧。在一次次的胜利中，马拉多纳对自己的足球技术越来越自信。尽管因为个头太矮差点与足球生涯擦肩而过，但马拉多纳始终没有放弃过自己的足球梦。

从少年队到青年队，从各个俱乐部到入选国家队，马拉多纳随着年龄的增长，球技、自信也在不断增长，在这期间，他谱写了一段又一段的传奇。1986年，马拉多纳迎来了他足球生涯——甚至可以说是整个人生的巅峰时刻，他凭借一己之力，带领阿根廷队第二次捧起大力神杯。

决赛中，阿根廷队本已两球领先西德，却在第74、81分钟被西德连扳两球，打成平手。阿根廷队的士气遭到严重打击，而西德则势头正盛。当时，同许多队友一样，马拉多纳的信心也受到了冲击。然而他是队长，他明白自己的使命。他隐藏起自己的恐惧，又恢复了平常那张扬、自信的样子，不断鼓励队友。“他把球狠狠地向草皮砸了一下，然后冲身边的布鲁查加吼起来：‘加油！德国人已经筋疲力尽了……我们能在加时赛之前就把他们干掉！’”（选自马拉多纳自传《我是迭戈》）3 分钟后，马拉多纳助攻布鲁查加，阿根廷终以 3：2 击败西德，站在了世界之巅。

这一届世界杯，让马拉多纳成为阿根廷人民心中的“神祇”。人们常说，带领阿根廷走向胜利的，是马拉多纳的技术，更是马拉多纳那能够给予队友心理支柱的强大气场。而他的气场，来自他从未动摇过的信念，来自他对于自己、对于整个阿根廷队的信心。“我知道，自己不可能改变整个世界，但也不允许任何人来控制我，操纵我……我还是我，我永远是这样。”这就是伟大的世界球王马拉多纳个性飞扬、充满自信的宣言，也是他练就强大气场的“秘诀”。

气场是一种玄妙的感觉，它不是气质，也不是气势。气质，是一个人内在涵养的外在流露；而气场，则比气质更为丰富、更为立体、更有震慑人心的力量。气势，是一个人表现出来的很直观的力量、威势；而气场，则比气势更微妙、更慑人于无形。一个强大的气场，是我们攫取他人内心、成为他人榜样或“偶像”、为自己打开幸福生活和美满成功大门的钥匙。

一个面对挫折不屈不挠坚信自己终将得到成功的人，他强大的内心，会让自己充满力量。他周身洋溢着的气场，便势不可挡，无人能匹。

了解了这些，在日后的工作和生活中，我们又该从哪些方面强化自己，让自己的气场在自信的浇筑下一天天强大起来呢？

1. 抬头挺胸，理直气壮

我们在与他人接触、交流的过程中，应当保持自信，坚信自己言行的正确性，做到目光坚定、毫不动摇，这样，你所散发出的气场就能对他人的内心起到震慑作用，让对方更加愿意相信你、被你所吸引。一个在人前畏首畏尾、嗫嗫嚅嚅的人，他所说的话、所做出的举动，都难以让人信服，就更别提气场慑人了。

2. 说话简明，语气肯定

与人交谈时，我们的语言表达要简洁明了，语气要不容置疑。人首先要自信，才能获得他人的信赖。你的用语简单明快，能直截了当地表明你的观点和意思，便会给人一种雷厉风行的干练感。你的语气斩钉截铁，能迅速攻破他人的心房，让对方觉得你的话是不容置疑的，从而顺着你的思路继续下去。如此，你便成功以自身强大的气场影响了对方。

3. 强大自身，合理自信

古人云“腹有诗书气自华”，一个人只有内心丰富、见识渊博，才能心中有数，做到真正的自信，从而散发出强大的气场。一切没有的底蕴的“自信”，都只是井底之蛙的狂妄。以微薄的内涵支撑起来的“气场”，只是一只飘在空中的“气球”，终有泄气或被人戳破的一天。

在社会生活中，想要获得他人的欣赏和敬重，就要拥有迷人的人格魅力，也即是我们一再提到的“气场”。气场不是排场，不是人为的、刻意安排的，它的强弱，是根据你自身的综合因素自然形成的。真正强大的气场，归根结底，来自内心，来自底蕴，来自你对自身能力坚定不移的信任。

凡事面前稳重一些

我们在观看一些辩论赛时，有时候会看到这样的局面：一方的选手气场较弱，对方选手气场强大，抓住弱方的错处，立即予以反驳，让弱方慌了手脚，不自觉间使得己方的思维顺着对方的方向发展，辩了半天突然发现自己一直被牵着鼻子走。有时候，弱方明明也抓住了对方的疏漏，强方的反驳之言甚至有些“强词夺理”，但由于弱方被对方的气场震慑，也不由得乱了阵脚，被迫交出了这次辩论的主导权。

可见，在人际交往中，各方气场的强弱，很大程度上决定了交流的发展方向。而有些时候，即便对方占据了先机，看上去已经掌握了这次交流的主导权，但只要你能稳住阵脚，从容不迫，对自己有信心，就能够后发制人，赢回局势。“完璧归赵”的故事，就很好地诠释了临危不乱的心理素质对气场的强化作用。

战国时期，群雄纷争，齐、楚、燕、韩、赵、魏、秦势力庞大，史称“战国七雄”。经过数年的发展，秦国成为七雄中最强大的国家。毗邻秦国的赵国，因国力日衰，经常受到秦国的欺凌。赵惠文王时期，赵王得到了和氏璧。秦王听说后，表示愿意以十五座城交换。赵国君臣明知有诈，却不敢断然拒绝，便派蔺相如带着和氏璧前去交涉。

蔺相如来到秦国，将和氏璧献给秦王观赏。秦王十分高兴，将宝璧四处传看，绝口不提交换的事。蔺相如见状便说："璧上有一个瑕疵，我指给大王看。"

秦王忙将宝璧交给蔺相如，蔺相如手持玉璧连退几步，站在大殿的柱子旁怒道："大王说想用十五座城交换宝璧，书信到了赵国，赵国臣子都认为秦国是想倚仗威势强行骗得和氏璧，因此并不愿交换。但是我想，布衣百姓之间的交易都不会相互欺骗，何况秦国这泱泱大国！因为相信秦国，赵王才诚心诚意地派我来与贵国交换。然而如今我来到这里，大王不但从接待礼节上怠慢，而且得到宝璧后四处传看，有意戏弄我。依我看来，大王并没有交换的诚意，所以我现在收回玉璧。如果大王一定要用强权来逼迫我交出宝璧，我的头颅就在这里，它将与和氏璧一同碎在这柱上。"说着，蔺相如高举玉璧，一会儿瞪着秦王，一会儿斜视柱子，作出即将撞击的姿态来。秦王见他怒发冲冠，心生畏惧，害怕他真的撞碎宝璧，赶忙向蔺相如道歉，劝他不要冲动，然后又让人拿来地图，指出打算交换的十五个城。

蔺相如知道秦王这只是个缓兵之计，于是又说："赵王送出宝璧的时候斋戒了五天，如今大王想要交换，也该斋戒五天，并安排隆重的仪式，我才敢献上和氏璧。"秦王见蔺相如这般坚持，知道难以强取，便答应斋戒，并安排蔺相如先住下。蔺相如断定秦王不会守约，便派他的随从变装后将宝璧由小路送回了赵国。

五天后，秦王斋戒完毕，安排了接璧仪式，派人去接来蔺相如。蔺相如来到后，不慌不忙地说："秦国惯来不守盟约，我怕有负王命，因此派人先送回了和氏璧。大王若真心想换，就先交出十五座城。秦强赵弱，赵国必不敢毁约。我知道欺骗大王是死罪，我愿受死，但也请大王和诸位秦臣好好想想。"此时，就算杀了蔺相如也于事无补，而且会导致秦赵两国就此失和。秦王想到这些，也只能苦笑一声，就此作罢，一番招待后，就放蔺相如回国了。

蔺相如之所以能够完璧归赵，且令自己全身而退，就在于他镇定自若的心理素质。在大殿之上，即便秦王真的派人硬抢，蔺相如也未必敢摔碎玉璧，毕竟他还需要向赵王交代。但是，他临危不乱地拿回玉璧、据理力争地反将一军，使得他的气场瞬间爆发，打压了秦王的气场，攻得秦王一时间不知所措，只得"缴械投降"。

俗话说："三十年河东，三十年河西。"小到一次短短的交流，大到一场完整的人生之旅，世事总在变化，盛衰从来无常。无论是生活还是工作，不管是人前还是人后，面对突如其来的变故，我们应该尽量淡定从容。手足无措不会对局面有任何帮助，泰然自若才能更好地解决问题。

日常的工作生活中，我们无论是与谁打交道，都难免遇到磕磕绊绊。在这个时候，就需要我们做到处变不惊、沉稳应对，以气场“吓唬”困难，给自己和他人信心与勇气面对并渡过难关。而在解决难题后，你的气场、你对他人的震慑力，也会进一步得到强化。那么，当意外降临时，我们又该怎么做，才能在镇定中强化气场，解决问题呢？

1．调整心态，不慌不忙

在人际交往中，谁都不可避免地会遇到一些突发情况或尴尬场面，谁也都不愿看到这种局面出现。而一旦意外出现，想必双方的内心都是慌乱的。在慌乱中，人们往往无法理智地看待问题，更有甚者，会作出过激行为来宣泄心中的情绪。这就要求我们面对变故时首先能让自己冷静下来，理性的思考。如果是双方发生争执，那么我们要做到无论是主动还是被动，都不要口不择言，出口伤人。如果双方共同遭遇了挫折等，那么我们要让对方感觉到我们的淡定，用我们泰然、从容的气场去影响他、安抚他。

2．迅速思考，寻找良方

当问题出现时，我们要冷静思考解决问题的办法。若再争论，就好好地想想如何理性地劝服对方或是停止“战火”。若共处困境，便及时让对方明白你在想办法，他有所依靠。当两人能够相互依傍时，双方内心的恐慌都会减少，逐渐放松的心态有利于问题的解决。

3．不要抱怨，相互信任

当双方争论时，就事论事，当时以理服人，事后绝不抱怨。

当双方受挫时，更不可急着追究责任、抱怨对方。既然同处困境，那便犹如共乘一舟。此时唯有相互信任、勠力同心，才能渡过难关。而若在危机面前，能主动承担责任，并成功解决问题，那么你在他人眼中，便更显大气、可靠。

有位作家曾经在作品中打趣道："你越是无所畏，那些妖魔邪祟就离你越远；你越是无所谓，那些不好的东西就越懒得'调戏'你。"这固然是一句玩笑，但其中蕴含的道理也是不言而喻的：面对变故，你越能保持镇定，就越能强化气场；大气从容的正能量，将帮助我们更好、更快地扫除阴霾，拨云见日。

借“权威”人物为自己代言

很多时候，我们都会有这样的感觉：当我们对于某件事物有了较为深刻的认识，或是在某一领域获得一些成绩时，便希望在众人面前有所展现，获得大家的肯定与赞美。然而，有时却会遭遇这样那样的尴尬局面：有的人认为像我们这种名不见经传的“小卒”能有什么独到见解、高深造诣，不过是在王婆卖瓜；有的人对我们的观点或成绩将信将疑，尤其当我们推翻某些权威的论证、某些约定俗成的观念时，他人的怀疑更是会接踵而至。而一旦他人对我们产生怀疑或直接不理会我们，那么我们再怎么表现、再怎么证明自己，都会使我们在他人心中的印象雪上加霜，对我们自身的气场乃至日后的社会交际，产生消极影响。

当人们怀疑、否定我们时，我们可以请人们眼中的权威人士为我们“代言”，让我们的言论更加令人信服；借助强者的威势，使我们的气场更强大，更加震慑人心。战国时期的苏代，曾经用一个故事打动了淳于髡，让其成为自己拜见齐王的引荐人。而这个故事，说的正是借人之势。

说起苏代，可能有的人对他的事迹知之不多，但提起他同族的兄长，那可是中国历史上鼎鼎大名的人物——战国时期提出合纵抗秦、凭着自己三寸不烂之舌搅弄风云的纵横家苏秦。苏秦为政时，苏代眼见哥哥在七国之间斡旋联系，实现了志向，便也开始发奋学习，专攻纵横之术，后来也成了一位成就显著的纵横家。

有一次，苏代作为燕国的使臣，前去游说齐国。当时齐国的国君是齐威王，威王手下有一名声望颇高的客卿，名叫淳于髡。苏代一时苦于难以面见齐王，便想办法找到淳于髡，对他说："我曾经听说过这样一个故事。有一个人有一匹矫健俊美的骏马，牵到集市去卖。可由于人们都看不出他的这匹马是宝马，一连三天，都没有人愿意出合适的价格将马买走。卖马的人急着用钱，认为不能再这样等下去，他急中生智，找到了伯乐，对伯乐说，'先生，我有一匹宝马良驹，现在想要卖出。可是，由于无人识此宝马，我在集市足足卖了三天，竟无有识货者问津。因此，我想请求先生帮我一个忙。您只需在集市中当着大家的面绕马一圈，作观察状；离去时，再回头看一眼我的马即可。相信这样的事对您来说不过举手之劳，但我愿意重重酬谢。'伯乐答应了卖马人的请求，来到集市，照卖马人说的做了一遍。结果，伯乐刚走，人们就蜂拥而至，抢着要买这匹马。就这样，这匹骏马最后的售价，竟比卖马人原本的报价高出了十倍。"

"淳于大人，如今小可身负燕王使命，如同手持'骏马'欲献予齐王。但小可苦于无人周旋引荐，难以得见齐王威颜。先生可愿做小可的伯乐，为小可引荐一番？为报先生劳苦，小可愿奉上白璧一对，黄金千镒。”

淳于髡听后，笑道：“愿为足下效劳。”于是，他向齐王引荐了苏代。齐王便接见了苏代。

这个事例中，苏代就是用一个故事来比喻，打动淳于髡为他引荐，然后巧借了淳于髡的东风。苏代本为燕国使臣，受命于燕王、奔走于各国之间。淳于髡则为齐国客卿，效力于齐国。对于齐国臣民和齐王来说，苏代的名声本就不如淳于髡响亮；而苏代此行，其背后的真实目的也让齐国人心生疑虑、不敢完全相信于他。有了淳于髡的引荐，齐国上下对于苏代的信任度便大大提升，也就更容易以一种客观的心态来接纳他的言论。

韩愈的《马说》中云：“世有伯乐，然后有千里马。千里马常有，而伯乐不常有。”这句话，深刻地揭示了一个道理：有才华的人想要获得表现机会，想要在表现时迅速获得人们的认可和肯定，很多时候需要权威者来为他发声，为他博得人们的眼球。世间“千里马”不计其数，但唯有遇到慧眼识珠之人，才能被发现、被推荐。一个能让我们充分展现自己风采、让众人正视我们、肯定我们的舞台，如若一砖一瓦都靠自己去搭建，必然困难重重；但若能获得权威者的帮助，则局势立刻大改，可收到“四两拨千斤”的奇效。

那么，我们在日常的人际交往中，当我们的成绩被人质疑、才华不被肯定时，又该如何借助强者的威势，打造我们自己在众人心中的强大气场呢?

1. “借助权威”事半功倍

有些人心中会存有疑虑，觉得刻意依附权威者、依靠权威者让众人认识，有些“折节”的意味。其实，这样的观念不仅在现代落后，就连古代的有识之士们也不会墨守如此的“陈规”。一个“草根”想要让众人刮目相看，只能先找一个“大树”靠，借助他的力量让大家认识你，有感于你的才华。当你变成老虎的那一天，在你面前只会有更多的狐狸来依靠你、学习你当年的智举，而不是那些无谓的“耻笑”和“鄙夷”。

2. 别人点头，你要低头

借助他人的力量表现自己，为的是展露才华、赢得机遇，以谋求更广阔的天地；而不是为了时时成为众人的“焦点”，刻刻过着“众星捧月”的瘾。当权威者为我们引荐，我们获得了他人的肯定以后，要及时表现出低调、随和的一面。他人既已知道你才高八斗，你又何必继续“年少轻狂”，为自己的社交增添阻碍。

3. 真材实料，才可借势

当今社会，越来越多的人已经懂得借助权威力量展现自己。而只有具备真才实学的人，才能经得起日后的考验，才能获得真正的成功。不学无术之人，凭借强者的威望，虽可一时得势，但纸包不住火，终有一日会现出“原形”。此时，不仅众人不齿，推荐他的权威者也会感到受欺骗、损颜面，以后再想翻身，或是借助权威者的力量，恐怕难上加难。

如今社会发展迅速，已经到了“酒香也怕巷子深”的激烈竞争时代。有人感叹怀才不遇，有人借力扶摇直上，两者之间，只是差了一位伯乐。在强者的陪伴下，即使气场再弱的人，也会不自觉地受到影响，挺胸抬头，让他人感受到完全不同的力量。而在强者的引荐下，我们进一步强化的自信会让我们的气场更加强大。

第五章

胸有成竹，迅速化解尴尬境遇

用机智的语言让自己摆脱尴尬

在现实的交际生活中，有时是对方有意依仗亲密的关系公开揭你的短处，或讲述你过去的傻事。有时是对方无意地，不知不觉中说出了你的隐痛之处。但这些都很可能让你陷入一个尴尬的局面。尴尬是人们在生活中不愿碰到且不能不碰到的，关键问题在于怎样应对尴尬。所以，与人交往，必备一些化解尴尬的语言技巧就显得尤为重要。

很多时候，当对方有意为难你时，如果你真的忍不住而动气，那别人会说你没有涵养。而如果你放松心情，用一些机智的语言给予对方还击，不但可以轻松摆脱尴尬的处境，还会让大家对你刮目相看。那么，当我们遇到尴尬的情境时，如何用机智的语言来化解尴尬呢？

第一，当你已经判明来者不善，是怀有恶意，故意挑衅时，你可以“以眼还眼，以牙还牙”，有理、有利、有节，礼貌而巧妙地回敬对手，针锋相对，“原物”顶回。

第二，要学会自我解嘲。因为对方可能是习惯，对谁都这样。让心情放松，自己把这种玩笑转移给大家。如有人说“不愧是属猪的，真能吃”，不妨接上一句“所以咱们才能聚到一起呀”。

第三，如果有人用过于唐突的言辞使你受到伤害，或叫你难堪，你应该含蓄以对，或装聋作哑、拐弯抹角、闪烁其词，或顺水推舟、转移视线、答非所问，谈一些完全与其问话“风马牛不相及”的事，用这种委婉曲折的方法反驳对手，定会取得奇特的功效。

适时适度地拿自己开玩笑，是一种良好修养，更是一种充满魅力的交际技巧。拿自己开玩笑，能制造宽松和谐的交谈气氛，能使自己活得轻松洒脱，使人感到你的人情味，有时还能更有效地维护面子，建立起新的心理平衡。

自嘲的智慧

有一个人在一家餐馆就餐时，发现汤里有一只苍蝇，不由得大动肝火。

他先是找来服务员理论，对方全然不理。服务员的这种态度使得他火上加火。后来他怒不可遏地找到餐馆老板，提出抗议："这一碗汤究竟是给苍蝇的还是给我的，请你解释解释。还有你们这儿的服务态度实在是太差劲了，我要投诉你们。"

那老板只顾一个劲地训斥服务员，却全然不理睬他的抗议。他只得对老板说道："对不起，请您告诉我，我该怎样对这只苍蝇的侵权行为进行起诉呢？"

那老板突然一怔，停止了对服务员的指责，意识到自己的错处，忙叫人换来一碗汤，谦恭地对那个人说："你是我们这里最尊贵的客人！欢迎您以后继续对本店多提宝贵意见。"

而此时那个服务员也意识到自己的错误，忙不迭地向他道歉。

维护自己正当权益却使得自己陷入了两难的境地，这是我们经常在日常生活之中碰到的事情。在尴尬的境地，年轻气盛的我们更容易发脾气，要是在这种时候碰到对你不理不睬的人，那么你会觉得更加尴尬，更加气愤。这样只是会使事情毫无进展。那么，我们可以运用自嘲的手法，来打破僵局。运用自嘲的手法，我们不仅可以打破尴尬的僵局，又能解决问题，同时也可以赢得别人对自己的尊重，让人觉得你是一个有良好修养的人。

那么具体我们该怎么做呢？

1．不要死缠烂打地纠缠不清

当我们还是小孩子的时候，听到有别的小孩子骂了自己一句什么脏话，自己便总觉得吃亏了，总是想要回骂他几句才觉得解气，否则，便觉得自己很委屈。那么成年以后的我们，就不要再有这种心理了。有时候出现僵局，我们应以自嘲的手段降低姿态来缓和僵局，即使自己有理，也不要抬高姿态，盛气凌人，那样无助于问题的解决，反而会使僵局越发严重，到最后只能使局面无法收拾。我们要做一个善于运用自嘲手法来打破僵局的人，不要总是觉得自己吃亏了，那样会使自己的心里一直郁结于此，即使有助于僵局的打破，效果也是不好的。僵局出现的时候，自己以自嘲缓和一下局面，不一定代表自己就是错误的，强词夺理、盛气凌人，反而会让人更加反感你，即使是对方的错误，人家道歉也不会是心服口服的。所谓“得饶人处且饶人”，也就是这个道理。

2．善于打破僵局

在僵局出现的时候，我们要善于并且勇于去打破它。有的人在僵局出现的时候，抱有一种事不关己的态度，反正僵着就僵着，又不是我一个人的事情。这样做首先态度就是有问题的。比如，我们用的电子产品出现故障，找到了售后人员。反正我是上帝，我就等着你给我处理问题，还时不时地催促人家，并且不停地絮叨自己有多忙多忙等。这个时候，我想大多数的售后人员都会心生厌烦，只想早些摆脱你。其实这个时候，一个微笑，一句自嘲的话语，就可以打破僵局，使事情出现转机，人家也不会对你心存芥蒂，服务态度肯定热情周到。那么我们自己也会心情舒畅。一切问题都会迎刃而解，何必使自己心烦，又使得别人厌烦你呢。

3．适时而止，不要让自己成为笑柄

有的人天生具有笑星的天赋，无论处在何时何地，都会是受人欢迎的对象。这类人通常是一个自嘲的好手。但是，这就出现一个问题，这些“嘲人”不管拿自己还是拿别人开起玩笑来没完没了。这也是一个不好的现象，这有时候会真正成为别人的笑话。如在座谈讨论的时候，会前，适当地“嘲”一两句是可以的，但是把这种“嘲”的风格一直带到会场，就是不合时宜的，会弄巧成拙，成为别人的笑柄。所以，通常情况下，点到为止，让别人意会就可以了，不需要喋喋不休，过分自嘲。过分自嘲，也会引发交际危机，使局面更加难堪。

因势利导，巧妙为自己解围

在当众说话过程中，有时候我们会遇到听众的挑刺或者故意刁难，这时不可避免地会使自己陷入困境中。在这样的情况下，我们该如何扭转乾坤，让那些故意刁难者知难而退呢？其实，这也需要一定的思维能力，快速地想到扭转局势的办法。如果你只是傻傻地在那里站着，那只会让那些故意为难你的人更得意，同时，也会让所有在场的人看笑话。

那么，在具体的说话场合中，我们该如何利用思维能力来替自己解围呢？

1. 顺势牵引

顺势牵引法的特色是不进行正面抗衡，而是在迂回的交谈中，顺着对方的话说下去，借力胜敌，从而成功地达到自己的目的。说话者面对对方不怀好意的提问，不要针锋相对，也不要给予他正面回答，而是巧妙采用迂回的战术，顺着对方的话说下去，把对方的讽刺挖苦当作可以利用的工具，顺势牵引，然后再找出反驳的话语来，打消对方的气焰，使自己摆脱困境。

2. 灵活应对

听众中难免有恶意的刁难者，他们会在说话过程中故意提出一些带歧视、轻视、敌视性的问题。对待这些刁难者，说话者不能像对待善意的质疑者那样，而是应该不客气地给予回击。但是这样的回击要很讲究技巧性，不能直接回击，而是需要灵活采用顺水推舟的方法。如果你不顺水推舟把问题巧妙地回答了，刁难者就有可能提出更尖锐的问题。

3. 避实就虚

有时候你不需要正面去回答那些故意刁难的问题，你可以避开要害问题，谈论一些无关紧要的话题，转移人们的注意力。

4. 欲扬先抑

有时候，听众会提出一些很刁钻的问题，可能你的回答恰好中了他的圈套，这时你不妨先承认他的观点，然后再巧妙地提出你的观点使他接受。

在实际沟通中，如果你遭受到了听众的非善意的顶撞、攻击、讽刺挖苦或者出言不逊时，不要以牙还牙，针锋相对，这样会让局面发展到更加不可收拾的地步。而是需要将对方的讥讽之词当作前提，作为铺垫，作为条件，顺势表达出自己内心的看法。

避开雷区，才能有效沟通

说话，是我们天天都在做的事情，但善于说话，能准确、清楚地表达自己的意图，使对方乐意接受，却是一件不太容易的事情。心理学家理查德·班得勒说过，当你对他人说话时，你不是想给他传递信息，就是想改变他。但在这个过程中，对方是否会接受你的意见，你的沟通目的是否能够实现，却是另外一回事了。其中的症结在于你是否说了避讳的语言，或者把话题置于危险的境地，这将会导致你沟通的成与败。许多人说话不经过大脑思考，只图嘴巴痛快，常常“语出惊人”，踏入“雷区”，最后导致了整个沟通的失败。

沟通是双向的，它的成败不取决于你说了什么，而是取决于对方的反应。对方不接受你所说的话，那你说得再多也没用。所以，为了让对方乐意接受，我们在说话时需要避开险境，把危险语句吞进肚子里，这样才能有效地影响他人心理。

1368 年，朱元璋登基，建立明朝。一天，一个穷朋友从乡下来到京城皇宫门前求见皇上。朱元璋听说是以前的老朋友，非常高兴，马上传他进殿。谁知这个穷朋友一见朱元璋端坐在宝座上，昔日的容颜似乎没有多大变化，便忘乎所以地直通通地说：“我主万岁！您还记得我吗？从前你我都替人家放牛，有一天我们在芦花荡里把偷来的豆子放在瓦罐里清煮。还没等煮熟，大家就抢着吃，甚至把罐子都打破了，撒了一地的豆子，汤也都泼在泥地上。你只顾满地抓豆子吃，不小心连红草叶子也送进嘴里，叶子哽在喉咙里，差点没噎死。还是我出的主意，叫你用青菜叶子吞下去，才把红草叶子带下肚里去……”还没等说完，朱元璋早就嫌这个孩提时的朋友太不顾体面，于是大怒道：“推出去斩了！推出去斩了！”

后来，这件事让另外一个穷朋友知道了，心想这个老兄也太莽撞了，于是，他心生一计，信心十足地去见他小时候的朋友，当今的皇帝。这个穷朋友来到京城求见朱元璋。行过大礼，这个人便说：“我皇万岁万万岁！当年微臣随驾扫荡泸州府，打破罐州城，汤元帅在逃，拿住了豆将军，红孩儿挡关，多亏了菜将军。”朱元璋一听，不禁大笑，他认出了眼前的这个是孩提时的朋友，心中更为此人巧妙地暗示他们小时候在一起玩耍的事而高兴，于是让他做了御林军总管，留在了自己的身边。

同是儿时朋友，所受到的待遇却是迥然不同。前者说话太莽撞，把朱元璋儿时的糗事一股脑儿说出来。当时已身为皇帝的朱元璋怎么能受这样的戏谑，最终那个穷朋友非但没有讨到好处，反而赔上了自己的性命；而后者只是简单地聊了儿时的趣事，其中还包含了对朱元璋的敬仰，最后他做了御林大将军。

1．避开隐私

隐私就是不可公开或不必公开的某些事情，有可能是缺陷，有可能是秘密。因此，我们在进行语言交流的过程中，需要避开彼此的隐私，这既是一种礼貌，同时，也可以很好地保护话语的“安全性”。

2．切勿不懂装懂

我们并不是万能博士或者百事通，即使自己知识渊博，也总有一些地方不如人，总有不懂的一些知识。因此，无论是面对有教养有知识的人，还是面对一个平庸普通的人，我们都应该谦虚谨慎，不可妄发言论。

3．避开忌讳

在谈话过程中，我们需要避开一些忌讳，比如关于“死”的避讳语，“棺材”“寿材”等；对方的生理缺陷，比如“残疾人”等；对一些不可公开的事物行为，比如“大小便”等。

4．避开粗口秽语

在交流过程中，我们需要避开粗口秽语，使用文明的语言。言语粗鄙是最无礼的表现，而且，有可能会为自己带来一些不必要的麻烦。

在日常交际中，有一些话题是沟通的“雷区”，稍有不慎就会粉身碎骨，所以，我们应该尽可能地避开这些危险区，避开一些敏感、危险的词汇，这样才能促使沟通的顺利进行。

第六章

为他人着想，友谊才会更加深厚

以退为进让自己更有地位

在日常的工作生活中，我们经常要和形形色色的人打交道。这些人里有朋友、有对手，有亲人、有敌人。而无论对方是什么身份、何种立场，当他们在你或众人面前犯下错误或与你有了摩擦，甚至故意挑衅你时，你会以什么态度回应呢？会因为他们身份立场的不同，区别对待吗？

为亲友找台阶、争面子，对亲友诸多包容、理解，是人人都会主动去做的。其实，在人际交往中，对于敌对或是无甚交情的人，我们更应该主动为其铺设台阶、保留面子，并给予相当的宽容和谅解。如此，原本陌生的人，也许会因为你的善意而与你亲近；原本敌对的人，也许会因为你的宽容而向你抛来橄榄枝。蔺相如和廉颇共同谱写的“将相和”，就是“给人台阶好处多”的典范。

战国时期，赵国的赵惠文王因缘际会得到了和氏璧。秦王听闻，假意“以十五城请易璧”。蔺相如原乃赵国官员家中门客，经人推荐受命携璧入秦。后不畏强秦，据理力争，完璧归赵，终不辱使命。其后渑池相会，蔺相如随赵王赴会。他再次巧妙周旋、机敏应对，维护了赵王和赵国的尊严。回国后，赵王深感蔺相如才干俱佳，因此提拔他为“上卿”，委以重任。

赵王对于蔺相如的重用，让赵国大将军廉颇十分愤懑。廉颇认为，自己为了赵国出生入死，战功卓著，到头来地位却比只靠一条三寸不烂之舌混事的蔺相如还低。他越想越气，不仅当着旁人的面屡次贬低蔺相如，还放出话来，表示若碰到蔺相如，必要当面羞辱他，看他能如何。

蔺相如听说这些话后，为了避免遇到廉颇，特意请假不上朝，还吩咐家里的仆人以后要对廉颇手下的人礼让三分。有一次他乘车出门，听说廉颇迎面而来，赶忙吩咐下人调转车头，躲过廉颇后再走。他手下的人十分不平，向蔺相如抱怨道：“您的地位比廉将军高，他骂您，您不还击，反而躲着他，这是什么道理？看着他愈发张狂的样子，您受得了，我们却看不下去。”

蔺相如听后，并不气恼，只是微笑着说：“廉将军难道比秦王厉害吗？我连秦王都不怕，怎会惧怕廉将军。如今秦国不敢犯赵，正是因为赵国文武群臣团结一心。我和廉将军好似两只猛虎。若我俩公开对抗，犹如两虎相争，必有一伤，乃至于亡。如此，岂不给了秦国乘虚而入的机会？跟国家安危比起来，个人的这点荣辱，又算得了什么呢？”

蔺相如的这些话，很快便传到廉颇的耳中。廉颇闻言，如醍醐灌顶，猛然醒悟。他惭愧之极，赶到蔺相如的府邸负荆请罪。

两人从此冰释前嫌，成为知己之交，共同辅助赵王治理国家。此后十年，秦王未敢犯境。

在这个事例中，蔺相如以退为进，步步给廉颇留下台阶，无疑是很高明的做法。若蔺相如以牙还牙，廉颇之怒意必然更盛，两人遂成水火之势，最终你死我活，两败俱伤，赵国便会在内耗中衰弱下去。正是因为蔺相如的宽容大度、深明大义，使得廉颇的挑衅成了一出“独角戏”，不仅没有对手，更失了自己的风度。也因为蔺相如的退让，让两人之间的冲突得到了缓冲，有了化解的基础。而他的宽让，为自己赢得了廉颇的敬重和友谊，更赢得了千古美名。

俗话说：“人活一张脸，树活一张皮。”每个人都有受到尊重和肯定的需要，这是来自人类心理的共同需求，不因各人的立场或身份而有所改变。在社会交往中懂得给人台阶，为人保留面子，是交际的重要准则。看到亲友的缺点错误你觉得不吐不快，面对对手的挑衅你觉得必须还击……你若果真率性而为，或许得到了一吐为快、打击报复的快感，但你一定也招致了对方的不满、愤怒或是更加浓厚的恨意。

夸张点说，你每搭建一次台阶，就能获得一份好感；你每驳人一次面子，就会招来一丝不满。换而言之，你给人留面子，就是给自己长面子；你不计较所失，会有更多所得。明白了这个道理，我们不妨来想一想，究竟应该从哪些方面着手，才能更好地为人铺台阶、留面子呢？

1. “如果我是他”

很多时候人们之间产生矛盾，往往是因为双方只站在自己的角度考虑问题，没有顾及对方的切身体验。当面对他人的错误或挑衅时，我们如果能站在对方的立场为他做打算，便能够理解对方是何处境、为何有此思想或举动。明白了对方的感受，看到了对方的困难，我们便会产生包容、帮助的念头并付诸行动，使对方对我们渐生信任。

2. “我该怎么对他”

对于他人的错误或困境，我们如及时施以援手，尽自己的力量去帮他走出低谷，即便你的帮助于他来说力量微薄，但你的善意会让他铭记心间，他会更加亲近你、信任你。对于他人的对抗或敌视，我们应当以诚相待，包容他、理解他，用你的真诚去化解彼此间的“仇怨”。即便你的微笑换不来他的真心，但你的风度会让他难以再怨恨你、针对你，至少能以平和的心态来看待你。

3. “他最怕我做什么”

人一旦有了错误或陷身困境，最怕被他人当面、当众揭穿，失去颜面；而那些故意挑衅、打击他人的人，其实内心深处也十分害怕遭到报复，整日提心吊胆。此时，你若不留情面，面对前者直截了当地揭他伤疤，势必让他觉得受人小觑，为了挣回面子与你展开对抗；你若不懂周旋，面对后者无情回击，势必令其更加紧张，为了不落下风而愈发猛烈地攻击你。因此，无论面对哪种情况，我们所要做的，其实只要遵循一个原则：对方需要时，伸手，拥抱；对方抗拒时，闭嘴，微笑。

给人台阶，看似让他全身而退，于你无益。其实，当他下台阶时，你已站在他的高处。他会感念你的包容与理解，众人会钦佩你的风度与胸怀。你的以退为进，会让你在人际交往中登上更高的平台。你所搭设的台阶，会让你在人际交往的道路上，走得更加平稳、顺畅。

留人面子也是为己铺路

“金无足赤，人无完人。”现实生活中，每个人都会因为各种各样的原因，在人前或多或少地犯一些低级错误。每当此时，犯错者不仅会成为众人的笑柄，还会陷入极度难堪的尴尬中，自觉颜面尽失、尊严受损。如果这时有人能挺身而出，为他化解危机、消除尴尬，那么在犯错者眼中，这人便有如从天而降的“英雄”，对其顿生好感和依赖。在之后的交往中，只要双方的相处方式得体，这份信赖会一直延续并拓展下去。

一晃已经 7 年了，庆平大学毕业后，因为种种原因，从没参加过同学们组织的聚会。今年，他特意抽出空，总算赶上了这次聚会。说起来，庆平如此重视这次聚会，是因为听说了往年都没有参加聚会的莉莉也要去，在他的心里，还有一点说不出口的小九九。

同学聚会，分外亲热，尤其是庆平和莉莉从未参加过，席上便成了大家的焦点。觥筹交错间，被“重点照顾”的庆平开始有些不胜酒力。看着也喝了不少酒的莉莉面色桃红，更显一派娇羞之色，十几年间暗藏在心中的那丝情愫，又被酒精催了起来。他不断偷瞄莉莉，却不知如何开口搭讪。这一幕，正巧被心直口快的张小乔看见了。

张小乔赶紧道："庆平，这么多年了，没想到你还对我们莉莉恋恋不舍啊！"此言一出，席间的男士们立刻大笑起来，然后起哄说趁着男未娶女未嫁，让庆平表白。

庆平性情本就自负气盛，当年也是因为自视甚高，以致迟迟不对莉莉表白，错失良机。这些年创业途中，他处处受到父辈荫庇顺风顺水，为人也更加眼高于顶。这样的哄笑，对他来说简直是羞辱。他为了找回"面子"，趁着酒劲口不择言："你们知道什么！当初花前月下莉莉主动跟我表白的时候，我是怕影响两人学习，才拒绝了她。如今想来，有些后悔罢了。"

莉莉来到酒店前，刚和男友吵完一架，心情本就不好，听了庆平这话，登时变了脸色，骂道："喝了点酒发什么神经！你这种人死皮赖脸地追我都不会同意，谁会主动看上你！"

众人闻言都收敛了笑容，热闹的酒桌突然冷清下来。庆平想要发作，又自知理亏，憋得面红耳赤。眼见局面如此尴尬，曾经的班长杨尧赶紧咳了一声，笑着说："都说物是人非，还好我们都还像大学时那样少年心性！莉莉还是这么口衔手术刀，庆平还是那样满嘴跑火车啊！其实这都怨我，当初为了整庆平，故意冒充莉莉给他写情书。我自罚一杯，给二位赔不是了。"说完，杨尧干了一杯，又对张小乔说："别看你叫小乔，可是论起在男生中的人气，你还是不如‘大乔’莉莉啊！”

张小乔自知惹了祸，见状赶紧接嘴，一番卖乖讨好，终于让莉莉重绽笑容。而庆平这边，早已在杨尧的邀请下，重新加入男人的“战局”。片刻间，席上恢复了之前的热闹。酒宴之后，庆平和莉莉分别打电话给杨尧致谢。得知杨尧近来生意不顺，庆平还慷慨解囊、投桃报李，帮助老朋友度过了危机。

这位班长的举动可谓恰到好处，他主动将问题揽到自己身上，三言两语就化解了一场交际矛盾。而他的社交智慧，让两位同学抽身而出，让宴会的尴尬气氛一扫而尽，也为日后的自己带来了实实在在的好处。

人生在世，相信每个人都有陷入尴尬局面的经历。那种颜面扫地、威严尽失的滋味，相信尝过的人光是想想就不寒而栗。因此，当他人身处尴尬境地时，如果我们能够站出来，为他化解危机，让他重拾颜面，那么我们在彼时的他的眼中，简直可以媲美“救世主”。当风波停息、他跳出困境时，会对我们信服，愿意与我们进一步交往。因此也可以说，为他人化解尴尬，给他保留面子，其实也是在为我们自己的社交添砖加瓦。

那么，当他人陷入尴尬，我们挺身而出为其化解时，大致应该注意哪几个步骤呢？

1. 闭紧嘴巴，不触“逆鳞”

当一个人因为自己或他人的错误陷入尴尬境地时，困顿的局面使他本就懊恼，而众人讥笑的表情更是让他如芒在背。这时，如果你还浑然不觉地身处看笑话的阵营，甚至不知深浅地继续揭他伤疤，那无异于触犯了他的“逆鳞”。在他处于极度难堪、头脑混沌的情况下，即便你的作用只是添了把柴，他也很有可能一股脑地将这把无名火宣泄在你的头上，对你产生不满，甚至做出过激举动。

2. 打个圆场，让他下台

为他人化解尴尬，首先不去嘲笑他，其次便是为他打圆场，让他有个台阶下。打圆场有很多种方式，如为对方寻找、制造犯错的理由，混淆概念、将特殊性化为普遍性，或是直接将责任揽到自己身上（尤其是上级或长辈犯错时）等。或许这些理由并不能让大家彻底信服，但只要能够让大家停止议论、嘲笑，就是胜利。

3. 转移话题，引开视线

我们为尴尬者铺好台阶，让他下台后，众人虽然嘴上不再提及此事，但一时间他们的目光和注意力仍会停留在尴尬者的身上。当陷入尴尬的局面中时，任何一个尴尬者都不愿意持续成为人群中的焦点。这时，就需要我们能够及时转移话题，转移众人的关注点，让尴尬者从众人的眼中“遁形”。重新建立起一个轻松、融洽的交流氛围，这不仅有利于尴尬者，对每一个参与这次交流的人都是有利的。

4. 只给鼓励，其他不提

我们一再强调，给人帮助切忌喋喋不休。助人化解尴尬也是如此。你的体贴、你的善解人意，对方会牢记在心中，无须赘言。因此，当我们成功帮助他人化解尴尬后，只需要在人们不注意之时给他一个微笑缓解他的情绪，或是轻轻拍拍他的肩给他一点鼓励，这些都会让他更加深刻地感受到你的善意。

中国人历来要面子、爱面子，也讲究“滴水之恩，涌泉相报”。在社会交际中，当他人处境尴尬、遇到难题时，只要你能审时度势、灵活自如地为其打圆场、化解尴尬，便能保住对方的面子，在对方心里留下一笔人情债；也可令整个社交活动继续正常、和谐地进行下去，让你在众人心里留下识大体、善周旋、懂人情的好印象。一句看似不经心的话语，一个可谓易如反掌的举动，就能给我们的社会交际带来如此多的好处，我们何不好好学习牢牢掌握，以便在“实战”中更好地发挥、应用呢？

兔子急了也会咬人

俗话说，“狗急跳墙，兔急咬人。”意思是再听话、驯服的动物如果被逼到走投无路的境地，也会采取过激行为。

我们在社会交际中，难免遇到朋友无意的戏谑、对手有意的挑衅。面对这些让人不快甚至是难以下台的局面，有人选择奋力反击，采取言语甚至行为上的攻击，直到将对方“打服”，才能身心舒畅。然而，就在他打击报复的同时，他也失去了朋友的友谊，失去了将对手变成朋友的机会，更失去了人前的风度，失去了大家对他的喜爱与敬重。

最近一段时间，史密斯太太居住的小区频繁出现治安问题，小偷们入户偷窃成了家常便饭，夜间晚归的居民也经常受到歹徒的袭击。为此，小区的住户人人自危，一向胆小谨慎的史密斯太太更是有如惊弓之鸟，时时提心吊胆。

这天，史密斯太太买菜回来，发现有两个年轻人围着她家的后院张望，鬼鬼祟祟拨弄着院门的门锁。她立刻躲到一旁，用手机报了警。警察很快来到，迅速制服了这两个小偷。然而，当这两个年轻人被押上警车时，史密斯太太才看清了他们的脸：这是两个多么年轻的少年啊，他们的脸上甚至还没有长出胡须。她上前一问，才知道他们是孤儿，一个 14 岁，另一个仅有 12 岁。

按照当地法律，这两个少年将被送往少监所，判处三个月的监禁。三个月，对于普通人来说，也许只是短短的 90 天；而对于这两个少年来说，他们将承受巨大的痛苦，并且有可能因此而毁掉一生。

法庭上，原本是出庭作证的史密斯太太为两个少年向法官求情："尊敬的法官大人，我真心地请求您，不要将这两个少年送去少监所。他们确实应该为自己的行为付出代价，那么，就让他们为我劳动半年，以此来作为惩罚吧！"

史密斯太太诚恳的态度打动了法官，法官答应了她的请求。随后，史密斯太太便将两个少年领回了家中，像母亲般慈爱而温暖地照顾他们。她带着他们一起劳动，一起生活，并耐心地教育他们，让他们懂得为人处世的道理。

三个月后，瘦弱的少年因为充足的营养和劳作，已经成了强壮的小伙子。原本没有生存能力的他们，也跟着史密斯太太学习了各种劳动技能。而此时，他们已经从内心深处将史密斯太太当作了真正的母亲，舍不得再离开她。为了他们能拥有更广阔的未来，史密斯太太"赶"走了他们，临别前，她一再嘱咐："孩子们，无论何时何地，你们都要记住，幸福的生活，要靠我们自己的努力和智慧来获得。"

几十年以后，一个孩子成了大学的校长，另一个孩子成了著名的企业家。每当人们问起他们的成功秘诀，他们都会毫不避讳地谈起自己那段“黑历史”，并且郑重地说：“一切的起点，都源自史密斯妈妈的宽容。”

史密斯太太的举动，就是凡事留有余地的典范。如果她没有求情，而是在法庭上痛斥那两个年轻人的罪行，使得他们入少监所，也是合情合理的，毕竟他们是罪有应得。但是，若果真如此，两个少年的人生因此更加坎坷，谁又能保证出狱后的他们不会采取报复行为呢？史密斯太太的退让，保全了少年，保全了自己，更让她收获了两个孩子的爱与尊重。

俗话说，“凡事留一线，日后好相见”，做人做事，最忌不留余地。“得理不饶人，无理搅三分”是很多人的通病，仿佛只有这样才能不吃亏，才能让自己立于不败之地。然而，凡事有度，过犹不及。即便再“得理”“占理”，如果太过分的话，反而会让自己从主动变为被动，不仅会进一步激化矛盾，让对方退无可退，更使得自己风度尽失，惹众人不快。

那么，我们在社会交际中，面对冲突、面对挑衅，该怎样待人接物，才能为彼此留有余地，让矛盾及时化解，使我们获得更多的好感和拥戴呢？

1. 以对待朋友的心对待每一个人

人与人之间的关系是相互的，镜子效应告诉我们，别人对我们的态度和行为，往往源自我们对他表现出的态度和行为。如果你能以对待朋友的态度和行为来对待对方，那么对方即便原本“凶相毕露”，也无法长久地以一张狰狞的脸面对你的微笑。你付出友善，收获的是对方的好感和尊重。即便两人无法成为朋友，至少对方不会再与你为难。

2. 将心比心，理解包容

面对冲突，面对咄咄逼人的对手，与其费尽心思地琢磨如何一击致其性命，不如站在对方的角度，仔细想想对方为什么会如此步步紧逼，是由于我们不经意间的得罪，还是源自彼此利益的瓜葛？我们若做出不当行为，该以何种方式赔礼道歉；双方利益若必须存在冲突，那么是否可能找出折中的办法，以此获得共赢局面？以牙还牙从来不是解决问题的好方法，没有人甘愿平白受辱，彼此的无礼态度只会让矛盾加剧。人与人之间只有相互理解和包容，才能真正化干戈为玉帛。能够多为他人着想的人，往往很容易获得大家的信任和拥戴。

3. 不可触及对方底线

我们说的理让三分，不是要求凡事一忍到底，而是说我们在维护自己的权益或尊严时，应当适可而止，不可过分逼迫。利益受损或颜面受伤时，我们固然怒火难平，而我们若以同样的方式打击对方，那么必然激起对方更加强烈的反抗。无论如何，我们在日常的为人处世或冲突中化解矛盾时，都不可触及对方的底线。这个底线，包括对方的尊严、根本利益和做人原则等。伊索曾经说过：“不要瞧不起任何人，因为谁也不是懦弱到连自己受了侮辱也不能报复的。”不顾后果，轻易去触犯别人的底线，只能是无端给自己招来更多的敌人。

凡事留有余地，是社会交际中必备的技巧，也是为人处世时应有的素养。主动的容忍和退让，不会让你更受欺凌，只会让对手折服，让众人钦佩。你广阔的胸襟，不会让你遭人质疑、受人白眼，只会让更多的人感受到你的魅力，从而主动来到你的身边。

干戈玉帛全在你掌握之间

我们一生中，会遇到各种各样的人。有的人豪气云天，有的人小心翼翼，有的人心直口快，有的人心机深重——无论是怎样的人，在日常的工作生活中，都会难免得罪别人，给自己树敌。而这些“敌人”，可能源自一个不经意的玩笑，一次意见分歧产生的误会或是一场你死我活的竞争。

在我们的人生道路上，或许朋友不能如想象中那般大力援助，但敌人对你的阻挠和破坏，远远超乎你的想象。无论是工作还是生活，一旦某个领域出现敌人，我们便不得不小心翼翼地防备，提心吊胆地提防。其实，与其整日在与敌人的斗争中疲于奔命，我们为何不化被动为主动，掌握并运用化敌为友的社交技巧，与敌人握手言和，化干戈为玉帛呢？

在这个镇子里，汤姆和约翰这对房贴着房、院挨着院的邻居，是出了名的“冤家对头”。也不知是上辈子的因缘还是祖辈就传下的矛盾，两人打小就看对方不顺眼，唯一的交流就是争吵。

汤姆爱听广播，到了他爱听的节目时，就把收音机的声音调得隔壁都听得见。约翰就故意在这时除草。约翰是个自由撰稿人，经常昼夜颠倒，不到下午绝不起床。汤姆就故意在清晨时分、往往是约翰刚刚入眠的时候架起家里的除草机……就这样，他俩你来我往，互不相让。甚至到两人结婚以后，各自的太太也因为丈夫的原因，彼此间没有来往。

这年夏天，汤姆的儿子小学毕业，升入当地一所著名的中学。汤姆和太太应儿子的要求，带着儿子出国旅游。刚开始时，约翰夫妇并没有发现汤姆一家外出了，约翰还暗自庆幸，好几日没有被隔壁那除草机的马达轰鸣声吵醒了。但日子一长，约翰看着隔壁高出自家一大截的草坪，才发觉汤姆家很久没有除草了——也就是说，汤姆家近期都没有人住。

这疯长的草坪在他人看来，简直无异于在门口贴上“欢迎来偷”的大字报。有了这个想法后，约翰再难平静。虽然万分不愿意，他最终还是嘟囔嘴，将汤姆家的草坪打扫干净。

又过了一周，汤姆一家终于回来了。面对整洁的草坪，汤姆和妻子都十分惊讶。然而，他们问遍了整个街区，都没有人说那是他帮的忙。最终，怀抱着千分不信万分不解的心情，汤姆敲开了约翰的大门。面对约翰，汤姆踟蹰良久，还是开口了：“约翰，是你帮我除草的吗？”

“嗯，是我。”约翰淡淡地回答，似乎已经准备好了接受汤姆的责难。

然而，汤姆并没有因为约翰的“擅自行动”而指责刁难。他犹豫再三，最后羞涩般地说了声“谢谢”，便转身离开。约翰愣在原地半晌，随后笑了笑，脸上也微微泛起红晕。

如今，两家已不再像之前那样针锋相对。虽然汤姆和约翰还没有称兄道弟，两家的太太也还没有亲如姐妹，但彼此见面时已开始互相点头致意，甚至微笑着打招呼，这对于两家的关系来说，就是一个极大的进步，是一种质的飞越。主动向敌对的人示好，这种行为可谓出人意料。但就是这种让人意想不到的举动，往往会带来丰厚的回报。

俗话说：“多个朋友多条路，多个敌人多堵墙。”我们在社会生活中，给自己树敌可谓是一种极其愚蠢的举动。然而，不管有意无意，不管敌人多寡，一旦对方形成了敌意，我们之前的错误便已经成了既定事实。时光不能倒流，历史不能改变，与其后悔懊恼，不如主动出击，灵活周旋，让敌人的恨意化于无形，让我们的对手成为朋友。

那么，当我们身边出现“敌人”时，我们又该运用哪些方法，才能真正做到化干戈为玉帛呢？

1．主动示好

当我们在社会交际中与他人产生矛盾，或是他人已经对我们表现出明显的敌意时，我们首先要做的就是主动示好，迈出关键的第一步。当你态度诚恳、语气谦和地主动示好时，对方通常难以再冷眼相看、恶言相向，这样，双方也就有了进一步沟通，彼此加深了解、消除误会的基础。这种低姿态主动示好，看似你矮了对方一截，实则让你在风度、胸襟上更胜一筹。他赢的是面子，你赢的是里子。

2. 推功揽过

当双方能够进行平和、冷静的沟通时，我们应当主动承担责任，而不是急于为自己辩解或指责对方的不良心态。只有这样，我们才能开启对方的心门，让对方的不满得到最大限度的化解。很多时候，你越批评自己，对方往往越宽容，越容易对你产生好感。

而对于对方的优点和长处，我们应当在谈话中适时适度地表达出自己的钦佩和敬重。即便对方曾经有过打击报复你的行为，你也应当感激他的宽容令事态没有进一步恶劣下去，并对他在其他方面的为人处世态度给予褒奖。这种褒奖往往能够起到暗示作用，当你将他树立成一个优秀的典范并表达出足够的敬意时，他对你的敌意便会慢慢消除。而当他觉得你信任他时，在镜子效应的作用下，他对你会逐渐产生信赖。

3. 恳求谅解

在双方沟通完毕、心结打开后，我们应当在结尾时态度诚恳地请求对方的谅解。这样，会让对方感觉到自己从被动化为主动，从被动接受你的沟通要求变为主动给予你谅解和肯定。当对方觉得自己占据心理优势时，双方的和平关系才能进一步发展下去。

世间没有解不开的结，也没有化不了的怨。在社会交往中，我们难免与人有矛盾，难免遇到怀有敌意的对手。面对摩擦和敌意，我们的主动示好、我们的拳拳诚意，以及种种周旋手腕，都能让我们打破彼此心中的坚冰，让彼此相对时不再沉默、不再敌视。化敌为友并非易事，但也绝非不可能。如何化解，关键在于我们的社交智慧和手腕。

第七章

化解矛盾，让我们一直合作下去

霍桑效应替我们“解决”敌人

“霍桑效应”是由美国的社会心理学家提出的，而这一名词的起源，来自美国芝加哥郊外的霍桑工厂。

霍桑工厂是一家制造电话交换机的工厂，这个工厂的福利、保险乃至娱乐设施，都可以称得上是同行业之中的佼佼者。在他人看来，能够进入这样的工厂工作，简直是一桩美差，职业生涯也会因此而增色不少。然而，令人大跌眼镜的是，霍桑工厂的员工并没有感受到他人想象中的幸福，他们总是抱怨这个指责那个，认为自己在工厂里没有受到什么好待遇。而忙于抱怨的员工，自然忽略了工作，这让工厂的效率受到了相当大的影响。

1942 年，美国国家研究委员会组织的调查小组进驻霍桑工厂，开始研究提高生产效率的方法。他们从各个方面着手提升员工的工作环境和劳动待遇，然而工厂的效率依旧如昨。调查小组另寻他法，他们找来心理学家等各种专家，用了大约两年的时间，与两万余人次的员工进行了谈话。这些专家们耐心地听取员工对于管理的抱怨和意见。然而，还没等专家将总结好的员工意见呈报给工厂领导时，人们突然发现，员工们早已不再抱怨，而是专注于自己的工作，工厂的效率有了明显的提高。自此，这种现象，便被命名为霍桑效应。

在日常生活中，霍桑效应也有着广泛的体现和应用。我们不妨来看看杂志上刊登过的一则小故事。

这天深夜，医生接到了一个陌生的来电。电话刚接通，还未等医生开口，电话那头就传来一个陌生女人的声音："我真是恨透了他！"

医生感到莫名其妙："他是谁？"

"我的丈夫！"女人恨恨地说。

"抱歉，"医生愣了一下，但还是维持了应有的风度："我想，您应该是拨错号码了。"

医生的风度并没有换来对方的致歉，相反，那个女人依旧自顾自地喋喋不休："四个孩子全要我一个人照顾，我从早到晚就没有闲下来的时候。就算这样，他居然每天都骂我游手好闲。我偶尔想出去走走，换个心情，他却总是拦住我。至于他，哼！每天半夜三更才舍得回来，我有时不过顺嘴问一句，他就没好气地说是为了应酬，真当我那么好骗吗？前天，他又……"

在女人自说自话的过程中，医生开始还尝试，希望能打断女人的话，让她明白她打错了电话，但每次都以失败告终。后来，医生不再“反抗”，只是安静地倾听着，直到女人主动停下。

在医生一言不发地倾听了半天以后，电话那头传来女人长长的吁气声。之后传来的声音，与之前饱含怨恨的状态截然不同，女人用如释重负般的口吻向医生道歉、致谢：“我知道我打错了电话，我们并不认识。这些话压在我心里太久太久，我实在是憋不住了。如今说了出来，我觉得整个人轻松了很多。谢谢您能够耐心听我说完，并且，我要为打扰您这么久而真诚地抱歉。”说完这些，女人不等医生回话，便挂断了电话。

在这个故事中，医生选择沉默无疑是正确的。若他一味地提醒对方打错了电话，对方若执意不理，那么医生所有的提醒都是白费唇舌，也会影响对方的发泄程度，还有可能让此时并不理智的女人对医生产生怨恨情绪；而若对方听从了医生的话，挂断电话，那么心中的不满难以宣泄，长此以往，难免会对其自身和家人造成不良影响。就这样，医生的风度和包容，让女人有了一次痛快宣泄的机会，也让她的心理得到了及时“排毒”。

简单来说，霍桑效应的应用，就是让人们及时发泄出心中的不良情绪，让人们的心理定时、及时“排毒”，以免这些不良情绪给人们的心理、生理和行为等带来不良影响。在我们日常的工作生活中，难免遭遇别人的挑衅或敌对情绪。这个时候，如果我们能灵活应用霍桑效应，以故事中医生的沉默、宽容姿态来对待对方，让对方将心中的不满甚至是恨意尽情发泄出来，那么，那些来势汹汹的敌意，便可被一一化解。

那么，我们在应用霍桑效应的具体操作中，又该掌握哪些要点呢？

1. 看清形势

很多时候，对方对我们充满攻击性和敌意，并非出自他的真心，很有可能只是源自他本身的不良情绪或不利处境。对于这种“敌人”，只要我们能用好霍桑效应，那么双方化敌为友便是顺理成章的事。但若对方是早有预谋、处心积虑地攻击我们，我们一再地沉默只能换来对方更加肆意的欺凌，对于这种对手，就需要我们有所防备，学会见招拆招。

2. 学会闭嘴

在一场较量或冲突中，若双方都剑拔弩张，只会让情势更加严峻，让战火越烧越旺，更让双方的和解变得难上加难。而若我们在对方滔滔不绝的责难或挑衅时保持沉默，会让对方觉得一拳打在棉花堆上，有力无处使，不知如何继续攻击。沉默之余，我们认真倾听对方抱怨的态度，会让对方的敌意进一步被化解。

3. 张开双臂

对方的不满、抱怨甚至是敌意被我们的沉默和倾听化解后，并不代表我们已经将霍桑效应完整运用。此时，我们要做的不是如释重负地转身而去，或满不在意地不置可否，我们应该面带真诚的微笑，张开双臂去拥抱已经消弭恨意的对手，以宽广的胸襟，去真心接受、主动结交这位新朋友、新伙伴。

我们每个人都生活在社会中，每天都要面对各种各样的社会交际。在这些人际交往中，遭遇挑衅或敌意，是很多人都无法避免的。霍桑效应告诉我们，人们的情绪只有宣泄出来，才能更好地投身社会生活。而它给我们的另一重启示，便是用沉默和真诚来化解交际中的敌对情绪。俗话说，沉默是金。当我们能够真正理解并灵活应用沉默的力量时，我们便已经成为最不易树敌的人。

出丑效应会让你更受欢迎

出丑效应又叫“犯错误效应”“仰巴脚效应”，是一种较为常见的心理现象。“仰巴脚”是一个方言词汇，乃是指不小心摔跤摔得四脚朝天，也就是指出丑。在出丑效应的影响下，不具才干的庸人固然得不到人们的青睐，但相对于完美无瑕的成功者，人们却更加欣赏存在小缺点、小瑕疵的伟人。

从心理学的角度来说，之所以出现这种现象，是因为人们更喜欢那些与自己相近的人。那些表现得完美无缺的人，会让旁人觉得不真实、难以接近，也会因忌妒产生一定的疏远、排斥心理。

曾经有一位十分著名的心理学教授，做了一个关于出丑效应的心理实验。他拿来四段情节大致相同的访谈录像，让受测者一一观看。

第一段录像：受访者是一个称得上功成名就的传奇人物，在自己从事的领域中，他获得了震惊海内外的成就。面对主持人，他谈笑自若，风度翩翩，不仅没有表现出一丝怯场，而且充满自信。他得体的谈吐、优雅的举止，让台下的观众喝彩连连。

第二段录像：受访者也是一位取得了巨大成功的知名人士，但比起第一段录像中的受访者，他显然并不十分适应这种场合。他不仅十分紧张、怯场，还在慌乱中碰洒了桌上的咖啡杯，让主持人的裤子遭了殃。

第三段录像：受访者是一位人们口中的“普通大众”。在接受采访的过程中，他并没有表现出什么紧张情绪，但言语平平，并无出彩之处。

第四段录像：同第三段录像中的受访者一样，这位受访者也是一位没有什么重大建树的普通人。面对采访，他同第二段录像中的受访者一样异常紧张，并且也让主持人的衣服遭受了咖啡的“洗礼”。

四段录像放完后，教授分发了选票，请这些受测者分别选出自己最喜欢和最不喜欢的受访者。选票汇总后，教授和他的助手进行了统计。最不受欢迎的那位，一如之前人们的猜测，是第四段录像中的受访者。而受测者最喜欢的那位，答案却出乎人们的意料——第二段录像中的受访者以95%的得票高居榜首。

这个实验，验证了我们所说的出丑效应。才干平庸的人举止失常，让人们对其更加难有好感。而对于那些成就非凡的人来说，他们偶尔犯下一些小错误、出现一些小瑕疵，不仅没有让人们失去对其的好感，反而让人看到了他真实的一面，让人觉得他是一个可以信任的、真诚的、不掩饰自己缺点错误的人。每个人都存在缺点，这是人们的共识。而第一段录像中的受访者，正是由于表现得过于完美，导致人们觉得他掩饰太过、不够真实，难以放心地信任他、接近他。

俗话说，“金无足赤，人无完人。”每个人自身的缺点、瑕疵，对于自己来说，心中都有一杆秤，衡量着自己该如何改进、如何表现；对于他人来说，优异的成功人士偶尔出现错误，会让人觉得更加真实、真诚。我们在社会交际中，适当地运用出丑效应，不仅能够拉近与他人的心灵距离，也能避免很多因他人的忌妒心理而带来的不必要的麻烦。不过，出丑效应也并不是人人会用，人人可用。在运用过程中，我们须牢记以下几点。

1. 丢开包袱，适当“露马脚”

有的人，尤其是已经取得了一定成就的人，习惯了在人前维护美好形象，力求每个表现都无暇，每件事情都完美，要他放下包袱，偶尔暴露些缺点，对他来说可谓难于上青天。其实，这是一种亟待改善的心理状态。时时刻刻保持人前完美，且不说自己要多么小心翼翼，疲于应付，更会招致他人的怀疑、排斥甚至是敌意。而若自己一直维护的美好形象被他人拆穿，那么再想重塑形象，才是真的难于上青天。

2. 适可而止，避免“出洋相”

我们常说，凡事有度，适可而止，对于出丑效应的应用，也需要如此。适当“出丑”不是“出洋相”，“仰巴脚”也不是真的重重摔一跤。我们偶尔暴露的，是小缺点、小瑕疵；我们故意犯下的，是小错误。这些缺点和瑕疵，不能影响到他人对于我们整体形象的判断；而这些小错误，更不能导致自己遭受重大损失或挫折，让他人怀疑我们的实力。我们让大家看到的，应该是一个偶有小错，更像一个真实的人的优秀人士，而不是一个洋相频出、难堪大用的“跳梁小丑”。

3．提升自我，“出丑”才有用

上文试验中，人们对于第四段录像中的受访者的态度，相信也为我们敲响了警钟。所谓出丑效应，实际来说，可算得上是那些真正优秀者的“特权”。

成功人士的小错误在人们看来可以笑着接纳，这些瑕疵成了成功人士可爱的真实之处；无才无德之人的小错误在人们眼中难以接受甚至被放大，这些瑕疵成了他无才无德的证据。

因此，我们想要运用出丑效应，想要用一些小缺点为我们打造更和谐的人际关系，就必须以不断提升自我的才干、品德为前提。只有当我们足够优秀时，我们才能获得更多“出丑”的“特权”。

当今社会竞争激烈，人际交往也越来越复杂多样。一直高高在上、完美无瑕的成功者，不仅让人难以接近、信任，更会招致他人的妒恨。偶尔犯个错、出出丑，让人们看到你真实的一面，感受到你真诚而不做作的处世态度，人们会更愿意亲近你、喜欢你、信任你、帮助你。

有了牢骚就是要发出来

在前文中，我们为大家简单介绍了“霍桑效应”，说到了霍桑效应主要强调让人们心中存在的不满和怨怼得到及时宣泄，从而使之保持良好、健康的心理状态。

而本文要说的“牢骚效应”，就源自前文提到的“霍桑效应”。简单来说，牢骚效应就是指让人们通过发牢骚的形式来发泄心中的不快，使人们的情绪由坏变好。

从上面的描述可以看出，本质上来说，牢骚效应和霍桑效应这两者之间并没有太大的不同，都是倡导人们及时宣泄、疏导不良情绪。

但相对而言，牢骚效应和我们的生活更贴近，毕竟我们在生活中遇到对他人表现不满的方式，更多的是发牢骚，较少遇到疾言厉色的指责或呵斥。因此也可以说，在我们的现实生活中，牢骚效应有着更为广泛的体现和应用。

在日本，为员工提供发泄情绪的渠道是很多公司都奉行的企业文化之一。闻名遐迩的松下公司，便是其中的杰出代表。

无论规模，无关地点，松下的每一个分厂里，都设置了专门的吸烟室；而每个吸烟室里，都摆着一个人体模型。这个人体模型，是专门按照松下幸之助本人的样子定做的。在吸烟室里，松下的员工可以手执竹竿，随心所欲的抽打着眼前站着的“老板”，以此来发泄心中的坏情绪。

等员工发泄完毕，停下挥动的竹竿后，吸烟室的喇叭里就会传出松下幸之助亲自为公司员工创作并朗诵的诗篇：“这不是幻觉。我们生在同一个国家，彼此间心和心相通，手和手相连。我们可以一起求得和平，让日本繁荣幸福。我们做事时可以出现分歧，但我们也要牢记日本人唯一的共同目标，那就是民族强盛，且保持和睦。从此以后，这绝不再是幻觉！”

除了这首诗，松下幸之助还有一段话送给员工：“每一位工厂的厂主，仍需要努力工作，要令每一位员工都有这种感觉：即我们的厂主真是辛苦啊，我们应该尽我所能地去帮助他！”通过这种方式，松下的绝大部分员工都能及时发泄心中的不良情绪，保持心态的平稳、健康，从而长期保持工作热情。

日本公司这种让员工及时发泄情绪的做法，在全球范围内被众多的企业借鉴。美国威斯康星州格林贝市儿童保育中心的总经理帕特·布普纳，也深谙此道。每隔一个月，他都要请一次客，而客人正是他手下的22位员工。

在聚餐的这一天，他会带着员工去吃披萨。在用餐时，他会先抽出一个小时的时间，让员工们相互之间随便发些牢骚，也让员工提出一些他们对于中心管理方面的意见。

员工们彼此间的牢骚或大或小，或止步私事或关于工作，甲抱怨乙借钱已经几个月了还没还，丙抱怨丁在上个月的月末总结中给出了太过离谱的数字……一个小时之后，布普纳再组织员工开展一个小时的“集思广益”活动。

他们就之前发表的各种意见、提出的各种问题，发表各自的建议，并从中归纳出最为合理的解决办法。每一次聚餐，都是一次效果相当好的“宣泄大会”，且花费很少，可谓“物美价廉”。

从松下幸之助到布普纳，他们都十分明白让员工及时发泄情绪的重要性，并且终年累月地坚持执行。正是由于他们高明的管理技巧与驭人手腕，才使得他们手下的员工能够保持健康良好的心态，保持高效的工作效率，带动企业或集体永不停步地飞速发展。

我们在每天的工作生活中，难免听到家人、朋友、同事对我们的抱怨、牢骚。也许有人会觉得，我们与家人、朋友频繁接触，偶有摩擦也是在所难免，因此，他们对我们发牢骚能够理解，也可以接受。

然而在与同事或外人相处时，我们明明是独善其身，也努力做到兼顾周到，为什么还总是有人对我们牢骚满腹呢？

其实，从某个角度来说，很多时候人们相互间的利益是相对的，存在此消彼长的情况。

而在我们获得某些利益时，便很难避免会触碰另一部分人的利益。一旦他人的利益受到威胁或损害，就很容易对我们产生敌对情绪，这种敌对情绪，若不及时宣泄、疏导，就容易引起对方的攻击性行为，甚至产生严重后果。因此可以说，让别人愿意并及时发出各种不满、牢骚，对于双方都是十分有利的。

那么，为了让对方痛快地宣泄，为了让牢骚效应更好地发挥作用，我们又该在哪些方面着重注意呢？

1．鼓励对方张嘴

世间百态，人与人的性格千差万别，看待事情的角度和立场也不尽相同。有人心直口快，有了牢骚不用他人引导，自己会主动一吐为快。有人生性内向，惯于沉默，即便心中有再多不满，也不会张口抱怨。有人会觉得那些令人不快的都是小事，对人抱怨反而显得自己小肚鸡肠。

然而，人的情绪总需要一个宣泄口，否则，就像泥沙淤积太多，河流总有一天会泛滥决堤，那时会出现什么严重的后果，都是不可预计的。因此，当我们察觉到对方的不满或敌对情绪时，应尽快、尽量引导他将腹中的牢骚都发出来。

2．话再难听也听着

既然是牢骚，那么可想而知，对方口中说出的话不会多么入耳，有时甚至十分刺耳。

这时，就需要我们静心忍耐，不仅不要反驳，而且要鼓励对方多说、尽情说。如果我们不分青红皂白地去反驳，会导致对方情绪更难控制，甚至让两人的关系出现不可弥补的裂痕。只有当对方将所有牢骚发完、所有不良情绪宣泄完，双方的这一次沟通才是成功的。

3．让对方知道你在听

让别人对我们发牢骚，不是为了给自己添堵，而是为了让对方及时宣泄，为了及时弥补双方的间隙、增进彼此的关系。因此，在别人发牢骚时，我们一定要仔细倾听，让宣泄者看到你认真的样子，感觉到你真诚的态度。若我们把听别人发牢骚当成一件苦差事去打发，整个沟通过程中处于心不在焉或不胜其烦的状态，那么最终只会事与愿违，让双方的关系越来越僵甚至“反目成仇”。

主动引导对方发泄不良情绪，有利于对方的心理健康，也可避免对方因心理问题造成身体的病恙。在双方沟通的过程中，随着对方的牢骚一句一句地出口，他心中对于我们的抵触情绪，也在一点一点变少，而彼此间的心灵，也由此越拉越近，直至跨越鸿沟。既然合理运用牢骚效应能带来如此双赢的局面，我们又何乐而不为呢？

勇于认错，获得他人谅解

美国田纳西银行前总经理L·特里有过一句管理名言："承认错误是一个人最大的力量源泉，因为正视错误的人将得到错误以外的东西。"特里这句话的核心意义，旨在强调"敢于认错"这一行为的本身具有巨大的价值。后来，人们便将这句名言中蕴含的哲理，称为"特里法则"。

如今，特里法则在企业管理中受到了广泛的关注和运用。企业想要生存和发展，就需要有勇于认错的勇气。只有敢于承认失败，企业才能避免更大的损失，及时调整自身存在的问题。而对于我们日常的社会交际来说，特里法则也有着其不可撼动的重要地位。勇于认错的人，更容易得到他人的谅解，也更能获得他人友善的帮助，从而及早走出困境，并借此建立一段更为亲密的人际关系。

布鲁士·哈威是美国西南部的新墨西哥州阿布库克市某个公司的经理。有一次，他在核准员工薪水时犯下了错误，误付给一位请了病假的员工全薪。

发现自己所犯的错误后，哈威立刻找到这位员工，对他解释了因由，并告诉他这项错误必须纠正。哈威对这位员工提议说，自己会从下次支付的薪水支票中扣除这次多付的工资金额。然而，这位员工并不赞同，他告诉哈威，这样会导致他面临相当严重的财务问题。因此，他要求以分期的形式扣除这次多出的薪金。但是，如果以这种程序操作，那么哈威就必须将情况如实地报告给上级并获得上级的批准。哈威想了想，决定对老板实话实说："老板若知道这件事，一定会大发雷霆，这点我是知道的。然而，就在我苦思冥想希望找出能更好地解决这个问题的方法时，我想明白了这样一个事实：这一切混乱的源头，都来自我的失误。所以，无论如何，我必须向老板承认错误。"

哈威辞别那位员工，来到老板的办公室，向老板详细地说明了这件事，并承认了自己的错误。不出哈威所料，老板听闻，立刻怒火朝天，当着哈威的面从会计部门、人事部门乃至哈威的另两个同事骂起。就在老板鼻中喷着火不断指责大家时，哈威没有噤声，他不停地向老板强调这是他一个人的错，与别人无关。

老板发完火，逐渐平静下来，看着不停为他人解释的哈威，没有再指责他，而是平静地点着头对他说："好吧，既然你说这是你一个人犯的错，那么，你就自己去把这个错误改正吧。"

就这样，这个错误在哈威的调解和努力下被挽回，并没有给任何人带来麻烦，公司没有遭遇财务损失，员工也避免了一场财政危机。并且，经过这件事，老板对哈威的好感不降反升，越来越信任、重用哈威。

在这个事例中，哈威之所以能够处理好自己犯下的错误，得益于他对老板的坦诚。试想，如果哈威为了隐瞒自己的错误，背着老板暗自操作，事后一旦被发觉，他在老板心中的形象将大打折扣，老板对他的信任更可能遭遇摧毁性的打击。哈威勇于承认错误，毫不推诿给他人，这种真诚的态度，正是改变错误的基础，也是赢得他人信任的重要因素。

《左传》中说："人谁无过，过而能改，善莫大焉。"毫不夸张地说，世间众生，找不出一个从未犯错者。一个敢于认错的人，往往更容易获得他人的谅解。尤其在社会交往中，当我们的错误造成人际冲突时，若我们能及时承认错误，诚恳地向对方致歉，那么，对方刚被激起的怒火和敌意，多半会消弭于无形。即便不能当即获得对方的原谅，至少我们认错这一举动可以让冲突得到缓和，不再进一步加剧。冲突一旦缓和，双方冷静下来，便有了握手言和乃至把酒言欢的契机。

既然特里法则在人际交往中有着如此奇妙的"功效"，那么我们在运用它时，又该从哪些方面入手呢？

1. 不怕认错"丢面子"

很多人不愿意认错，是因为觉得一旦认错，便折了面子、伤了自尊，自己在人前努力维护的光辉形象便一朝丧尽。其实，面子是自己挣的，自尊是自己攒的。当一个人犯了错误却羞于认错，或是因为想要掩盖第一个错误而不断犯下更多、更大的错误时，这时他所维护的，究竟是他所谓的自尊，还是那点内心深处已经扭曲的虚荣心？而此时的他在众人眼中，真的还能如他所愿，一如既往地还是曾经那个值得原谅、值得信任的人吗？一个真正自尊、自信的人，从不惮于认错，因为，敢于认错是正视自己的表现，更是让自己获得进步、获得他人谅解和信任的起点。

2. 改错态度要端正

认错是为了改错，改错则需要端正的态度。有的人向来“长于认错，死不悔改”，长此以往，他再诚恳、再痛心的认错态度，也不会让他自身有什么长进，更不会让他人相信和谅解，更有甚者，因为信任危机，他的人际关系将遭受严重破坏。因此，一旦我们认识到自己的错误，要立刻坦率地承认，并且及时端正态度，以自己最大的努力去改正。只有认真严谨的态度，才能看出错误的严重性或其中埋伏的隐患，才能找到错误背后隐藏着的成功。

3. 吃亏学会长记性

人的一生都遨游于无涯的学海，而我们每一次的错误，都是一次难得的学习机会、一次宝贵的人生经验。在错误中，我们吸取经验教训；比较法、排除法、观察法……各种方法的运用，让我们在摔倒的泥泞中找到正确的方向。没有人生来就是天才、伟人，古往今来举凡闪耀光芒者，也都是百炼成钢，用数不清的失败换来最后的成功。孔子曰“不迁怒，不贰过”便可为圣人，这里的“不贰过”，就是指不重复以前犯过的错误。因此我们说，错误不可怕，它甚至能变得很可爱，只要我们能从中得到教训，避免今后再犯。

及时、真诚地承认错误，带给你的，不是大失颜面，而是备受肯定；不是形象尽毁，而是魅力提升。真正做到真心认错、用心改错，你在这一过程中化解的，是自己的危机，是他人的不满或敌意；而你收获的，是自己的进步，是他人的谅解和信任，是一个更加庞大、和谐的人际交往脉络。

弥补裂痕，破窗需要及时修复

在日常生活中，我们经常能发现这样一些现象：一面刚粉刷的白墙，人们都会小心翼翼地维护它，若一不小心留下污渍，大部分人会想方设法、竭尽所能地让它恢复洁白。但若这面墙上已经有了一处涂鸦，而没有及时除去，那么更多的涂鸦甚至是破坏便会接踵而至。一条大街上，如果洁净如洗，那么即便这整条街区都没有垃圾桶，大部分的过往行人都不会随意丢弃垃圾、制造脏乱。然而，如果这条街本身脏乱不堪，那么即便四处设置垃圾桶，有些人也会随意扔垃圾、吐痰甚至是便溺。这种现象，就是心理学上所讲的“破窗效应”。

1969 年，美国斯坦福大学心理学家菲利普·辛巴杜做了一项实验。他将两辆无论是外形还是内部配置都一样的车分别停在了两个地方：一辆停在了一个环境良好的中产阶级社区，另一辆则停在环境相对杂乱的纽约周边地区。放置完毕后，他将停在纽约周边地区的这辆车的车牌取下，并揭开了它的顶棚。当天晚上，这辆车便被人“顺”走。反观那辆停在中产阶级社区的车，它在那里整整待了一个礼拜，也没有受到他人的“侵犯”。辛巴杜找来铁锤，将这辆车的玻璃砸出一个大洞。结果，不出几个钟头，这辆车也就此“消失”。

后来，政治学家威尔逊和犯罪学家凯琳在这个实验的基础上，共同提出了“破窗效应”这一理论。这个理论主要强调的是蔓延的危害，理论认为：一栋房子如果破了一扇窗子而不及时修补，那么就会有人去打烂更多的窗户。时间一长，这些破窗户就会让人觉得杂乱、无序，从而促使人们做出更严重的破坏行为。也许从表面现象看来，不良环境对于人们的影响很小，但如果不能及时改善或制止，那么这些恶劣的影响就会不断地滋生、蔓延到难以弥补。

20世纪80年代，纽约的动乱，让很多人谈之变色，一些犯罪分子甚至已经嚣张到了敢在光天化日之下打家劫舍、杀人越货的地步。至于那时纽约的地铁，更是被全世界的人们称为可以“为所欲为、无法无天”的“犯罪天堂”。人们坐在脏乱污秽的地铁车厢中，时时刻刻为了自己的生命财产安全提心吊胆，可谓人人自危。

直到有一天，纽约市的交通警察局局长布拉顿从破窗效应中受到启发，为了降低地铁犯罪率，他颁布了一条在当时人们看来是“船要沉了还在洗甲板”的条例：改善地铁卫生环境，严厉打击逃票行为。尽管人们议论纷纷，但不久之后，就看到了显著的成效。相对来说，人们在干净卫生的环境中比较不容易犯罪。而被抓捕的逃票者，也都“人才济济”。每七名逃票者中，就有一个是通缉犯；每二十名逃票者中，就有一人携带武器。如此双管齐下，原本人们口中“微不足道”的条令，很快便让纽约地铁犯罪率大幅降低。

原本动乱不堪的纽约地铁，因为“破窗效应”而“起死回生”。从某个角度来说，几乎所有犯罪都来源于环境的恶劣，来源于秩序的失衡。纽约地铁从环境着手，先改善地铁卫生环境，使人们不易犯罪；再严查逃票，让一切从小处开始，回归秩序，从而收获了良好的整顿效果。

“千里之堤，毁于蚁穴”，一切难以弥补的重大影响、恶劣后果，往往都是从那些不经意的小处开始的。破窗效应最初应用在犯罪心理学上，如今，这个心理现象已经在更加广泛的领域得到了验证和利用，如管理学、经济学等。而在人际交往方面，破窗效应也给我们带来了很重要的启示：当我们和他人产生了一些小矛盾、小摩擦时，一定要及时化解，若置之不理或火上浇油，很可能会导致更大的矛盾和摩擦出现，使我们的人际关系出现难以弥补的裂痕，甚至会让我们在莫名其妙中，将朋友“逼”成对手。

那么，我们在面对人际交往中的矛盾和摩擦时，又该如何处理，使得我们的人际关系不因破窗效应而产生更大的裂痕呢?

1. 避免冲突、保持冷静

当矛盾产生、摩擦出现时，我们首先要做的就是保持自己的冷静，闭上嘴巴，不要让继续的争论使得冲突加剧。两个面红耳赤的辩论者，两张喋喋不休、口不择言的嘴巴，永远无法真正解决问题。我们无法保证对方能够主动冷静，但至少应该让自己的头脑先冷却，让自己的情绪先平静。俗话说“伸手不打笑脸人”，当你先停止争执，表现出平静友好的态度时，那么对方的火再大，也很难再将冲突继续下去。

2. 不可一味回避

有的人不善于处理人际矛盾，面对问题，他们首先感到莫名其妙，不明白这些人际冲突为什么总是出现在自己身上。随后，便奉行“沉默是金”的法则，不论问题发展到什么地步，都只知回避，而不去正面解决，殊不知，这是人际交往中的大忌。暂时的回避可以让冲突得到缓解，但长久的回避，只会让摩擦越来越重、矛盾越来越深，让原本可以轻松化解的问题，变得难上加难。须知，良好的沟通，才是打造、维护和谐人际关系的前提。

3. 找到问题的根源所在

避免破窗效应的蔓延，避免问题由小而大，化解矛盾是第一步。而矛盾化解后，我们更需要找到产生矛盾的根源，如此才能避免日后反复出现问题。常言道“事不过三”，即便每次矛盾都能被我们巧妙化解，但如果每一次的矛盾都是因为相同或相类的问题，那么纵使对方耐心再好，也会逐渐失去与我们相处的欲望。

破窗效应对于人们心理的负面影响，是每个人都应该在心底敲响的警钟。古人常说防微杜渐、未雨绸缪，其本质也是对破窗效应影响的深刻理解。我们只有从小处着眼，从细节入手，在人际交往乃至社会生活的各个方面都及时修理好破窗，才能防患于未然，使我们的社交乃至人生走入一个良性循环。

“懂得闭嘴”做所有人的亲密伙伴

“懂得闭嘴”是人们不容易学到并领悟的一个沟通原则。我们用几年的时间便学会了说话，但要用几十年的时间才能学会闭嘴。通常来讲，只有对生活拥有丰富阅历和历经沧桑的人，才明白聊天时适当沉默的好处。沉默意味着我们的内心要趋于沉静，对外界的观察要更加仔细，不要急于说出自己的观点，要针对性地训练自己控制语言的能力。

一天，一个走投无路的流浪汉走进一座寺庙，看到菩萨坐在莲花台上受到众人膜拜，他非常羡慕。

流浪汉问：“我可以和你换一下吗？”

菩萨回答：“可以，只要你不开口。”

流浪汉心想这还不容易，不就是闭嘴不说话吗？于是他便坐上了莲花台。他的眼前整天嘈杂纷乱，要求者众多。不过他始终忍着没开口。

这一日，来了一位富翁。

富翁祈求道：“求菩萨赐给我美德。”磕头，起身，他的钱包掉在了地下。流浪汉刚想开口提醒，他想起了菩萨的话，于是闭紧嘴巴。

富翁走后，来的是一个穷人。

穷人祈求道：“求菩萨赐给我金钱。家人病重，我急需用钱。”

他磕头，然后起身，看到了一个钱包躺在地上。

穷人大喜：“菩萨真显灵了。”他拿起钱包就走。流浪汉想开口告诉他，这不是显灵，是别人丢的东西。但这时他又想起了菩萨的话。

此时，进来了一个渔民。

渔民祈求道：“求菩萨赐我安全，出海没有风浪。”

他磕完头起身，刚要走，却被又进来的富翁揪住了。为了钱包，两个人扭打起来。富翁认定是渔民捡走了钱包，而渔民觉得受了冤枉无法容忍。

流浪汉坐在上面再也看不下去了。他大喊一声：“你们住手！”把一切真相告诉了他们。当然，一场纠纷很快就平息了。

菩萨现身说：“你还是去做流浪汉吧。你开口以为自己很公道，但是，穷人因此没有得到那笔救命钱，富人没有修来自己的好德行，渔夫出海赶上了风浪葬身海底。要是你不开口，穷人家人的命就有救了，富人损失了一点儿钱但帮了别人积了德，而渔夫因为这场纠纷无法上船，躲过了风雨，就不会丢掉性命。”

控制语言的目的，并非是一般意义上人们所认为的那样为了避免“言多必失”的错误。担心泄露秘密，忧虑会得罪人之类的原因——其实言多未必有失，只要你讲得有道理。实际上，这么做是为了训练我们自己的内心，强化意志力，同时提升自己说话的分量。要少说话，但要说有分量的话。一旦开口，就要争取给对方留下深刻的印象。

一个懂沉默的人，人们都会跟他交谈

我的一位朋友洛克在生活中是一个话很少的人。他也没多少钱，过着隐客一样的生活。奇怪的是，他在社交场所的受欢迎程度超过了我们所有人。洛克至少一个月参加一次聚会。平时他也很少跟人电话交流，但当他在聚会上出现时，人们总是愿意跟他聊上 10 分钟。

“那个家伙是最好的聊伴，是最合适的听众。”

大家都承认，他不是倾情于社交的人，但却懂得恰到好处的沉默。他不喜欢与人争辩，而是耐心地听听对方讲什么，说话的态度令人如沐春风，因此大受欢迎。

洛克自己说：“我喜欢坐在那里耐心地听一听大家讲的东西，喝一杯酒，什么都不说。有人兴高采烈地讲述自己的成功史，有人悲怆地痛斥那个骗光他家财的阴险小人，也有人倾诉被人夺妻之恨。总之，我听到的很多事情都不是好消息，但我听过就忘了。第二天早晨醒来时，我对昨天的一切都恍如隔世，就像什么都没有发生过。然后，我会连续几周都不露面。我不喜欢去找人聊天，但人们都来找我。因为人们需要一个理解他的倾听者，而不是动不动就反驳他，教训他，甚至到处宣扬他丑事的人。"

这是一种很高明的原则。因为处于现代社会中的每一个人，都有过自己不愿说出来的秘密被人当众揭露的窘境，也有曾经因为自己公开评论别人导致大家都陷入尴尬，造成无可挽回的后果的经历。而这一切的根源，无非是因为有人"说得太多，什么都说"。所以，当一个守口如瓶、听得多、说得少的人出现时，人们都更倾向于和他聊一聊，而不是去找别人。

我在北京的邻居小翰是一个可爱的孩子。但他的学习成绩不太好，再怎么努力也不过是中下的水平。而另一位邻居小柏跟他同班，却一直名列前茅，家中挂满了奖状，也是老师经常挂在嘴边、号召全班向他学习的好学生。他们两家的父母也都认识，平时经常见面。每次考试成绩公布以后，小柏的爸爸就去找小翰的爸爸聊天，然后就问："你们家小翰考得怎么样？"

不等对方回答，他就接着"贬低"一下自己的孩子："哎，小柏这次太粗心了，数学没有考好，得了个全校第二。他真是太不争气了，不知道你有什么办法可以帮我提高孩子的数学成绩？"

在讲这些话时，他的心中十分清楚小翰的数学成绩很差，但仍然问这个问题。他不仅仅是当着小翰爸爸的面讲，还喜欢当着孩子和其他邻居的面讲，有时也对我发表类似的感慨。这么下去，两家的关系就逐渐恶化了。小翰的爸爸不再搭理他，孩子之间的交往也慢慢地停止。这样一来，两家就成了"仇人"。

生活和工作中，这是十分普遍的现象。你明明知道真相，为何去当面揭开他的伤疤？"明知故问"的"针刺式聊天"是我们应该尽力避免的，不要让自己的好奇心伤害对方的自尊心，尤其对待亲近的朋友或家人。适当的时候，沉默才是赢得对方好感的必要前提。要想别人愿意找你聊，就要学会在恰当的时机闭嘴，给对方留一个回旋的空间。

第八章

用弦外之音让拒绝不伤友情

让对方“知错就改”

中国文字博大精深，有着很多精深微妙的含义。这直接决定了中国的语言含义丰富，很多时候意在言外，甚至字面意思与实际意思是截然不同的。这些微妙的语言含义，给老外们学习中文带来了极大的难度，但是也有非常大的好处，即遇到尴尬的事情时，不需要直截了当地说出来，而是采取弦外之音的方式，让对方领悟到自己的错误，从而改正错误。

所谓弦外之音，原指音乐的余音。通常，人们将其用来比喻言外之意，也就是没有直接表达出来的意思，而是让别人领悟或者意会到的意思。这样的表达方式，对于尴尬的话题或者是对于不方便直说的对象，非常适用。举例而言，妈妈很想为女儿指出早恋的错误，但是又担心一旦捅破这层窗户纸，女儿会更加有恃无恐。因此，妈妈讲述了自己身边的一个早恋故事给女儿听，冰雪聪明的女儿知道妈妈已经有所觉察，因而赶紧收敛自己，不再肆无忌惮。这样的暗示，既避免了女儿因为被戳穿导致的逆反心理，保全女儿的自尊，也能够帮助妈妈试探女儿的态度，从而达成目的。生活中有很多类似的情况发生，我们无法直接说出自己的劝谏或者劝告，只得以这样的方式暗示对方，让对方主动改正错误，或者纠正不良的言行。

自从菁菁结婚有宝宝后，她就把父母接过来与自己同住，一则可以更好地照顾父母，二则父母也可以帮她照顾宝宝。然而，在宝宝开始吃辅食之后，菁菁就与妈妈之间针对喂养的问题产生了分歧。例如，妈妈按照老习惯，喜欢把东西放在嘴里嚼碎之后再喂宝宝，这一点是菁菁最不能容忍的。有一次，菁菁刚刚试探地和妈妈说不应该用嘴嚼东西给宝宝吃，妈妈马上就说："你小时候我就是这么喂的呀，你还不是健健康康地长大，还考了大学。这有什么不好，几十年都是这么过来的呀！"菁菁看到妈妈非常抵触，便不再作声了。

思来想去，菁菁想到了一个好办法。有一天，妈妈正在和菁菁一起看电视，菁菁突然惊讶地喊道："哎呀，太可怕了。"妈妈好奇地问怎么了，菁菁一本正经地说："你看看，这个孩子太可怜了。他得了接吻病啊，就是因为大人们总是亲吻他的脸和嘴，他被传染上了大人携带的病菌，现在都进医院抢救了呢！"说着，菁菁还把手机上的新闻图片打开给妈妈看，妈妈显然受到了震撼。菁菁趁热打铁，说："孩子太小了，其实这点病菌如果放在大人身上，也许根本不算什么。但是孩子抵抗力太弱了，各项系统都没有发育成熟，还是宁可信其有，不可信其无，多加小心为好啊！"听完菁菁的话，妈妈默默地点点头。当晚吃饭时，菁菁惊喜地发现，妈妈主动把宝宝的餐具和大人分开了，而且再也没有咀嚼东西喂宝宝。

对于辛苦地抚养自己长大、如今又在继续贡献力量帮自己带养孩子的父母，菁菁说话必须非常小心，以免伤了父母的心。在第一次劝说妈妈未果的情况下，菁菁改变策略，决定用事实来论证自己的观点，也是科学的观点。当然，妈妈也并不糊涂，她知道菁菁的用意，也承认自己的错误。所以，才在当晚就改变喂宝宝的方式，采取更加科学合理的方法。这样彼此无须争执却能解决问题的结果，正是菁菁最想看到的。

不仅仅是面对父母，有的时候，对孩子，对朋友，对爱人，我们也会遇到说不出口的话题。在这种情况下，如果足够了解对方的脾气秉性，不如采取这种弦外之音的说服方法，在保全对方面子的情况下，暗示对方反思自己的错误，从而及时改进。幸好，中国文字博大精深，才为我们在各种情境中运用弦外之音的说服方法，提供了无限的可能性。当然，运用这个方法的前提是学好语文。只有足够了解文字的表情达意功能，我们才能更加灵活、恰到好处地运用语言的言外之意。

幽默之后不要节外生枝

幽默是一门语言艺术，在语言中能起到深入浅出的作用。而且在不改变原意的情况下，幽默还能让语言变得高雅含蓄、富有情趣。幽默的话语不仅能带给人们欢笑，更主要的是可以使人们在欢笑声中顿悟出其中的含义和哲理。

幽默是人际交往的润滑剂，有了它，我们的沟通就会更加顺利，人际关系也能更加和谐。所以有人说，幽默是生活的调味料，能让我们的生活变得有滋有味。

但是，任何“调味料”都是不可滥用的，就好比用盐，用得适当能让菜味鲜美，但用得太多，就会令人难以下咽。我们在沟通交流中也是一样，使用幽默切忌滥用，用多了照样会影响你说话的效果，甚至你所附带的“赠品”还让人难以接受，交流效果也会适得其反。

有个女孩，人很聪明，心地也好，说话也挺幽默，可就是有时幽默过了头，一不留神就把人给得罪了。

有一次，大家在一起聊天，一个挺丰满的同事说："杂志上说，其实我们每个人的身体真正需要的营养比实际摄入的都要少很多，发胖在很大程度上是因为没管住自己的嘴巴。"这个女孩听后，本来想幽默一下，结果说道："是啊，这文章标题应该叫'活该你胖'，谁让你吃那么多！"丰满的同事一听，当即就变了脸色，扭身走了。以后。这个同事见了这个女孩，都是爱答不理的。

虽然这个女孩在跟同事聊天时也没恶意，只是开玩笑而已，但因为没有把握好分寸和尺度，引起了同事的不满，正所谓"说者无心，听者有意"，有时你即便是想幽默地赞美对方几句，也可能因为幽默附带了"赠品"，这个"赠品"不小心冲撞了对方，所以引起对方的反感，甚至还可能招来怨恨。

因此，在人际交往时，适当幽默很有好处，但一定要注意幽默的尺度，不可失了分寸。

那么，在幽默交谈时应如何拿捏尺度、分寸呢？

幽默不要附带可能会伤害别人的"赠品"，恰当的幽默能促进交谈的顺利进行，但幽默一定要保持态度友善，不能伤害别人，尤其是不能拿别人忌讳的事来制造幽默，这会严重伤害别人的自尊和人格。

成功的社交往往源于对他人的尊重，也许有些人不如你口齿伶俐，表面上你的幽默可能占上风，活跃了聊天气氛，但对方一定会认为你不够尊重人，以后也不会愿意再与你继续交往了。

运用幽默时，最好能先了解对方的情况，不要犯了对方的忌讳。否则，本来活跃气氛的话语就变成了伤人的恶言，实在是得不偿失。还有些人错把肉麻当幽默，不分场合、不分对象地对别人说些肉麻话，自以为很幽默；还有些人则习惯贬抑别人以抬高自己的身价，都是不合适的。像朱德庸的四格漫画《双响炮》、《涩女郎》都以辛辣著称，让人忍不住捧腹大笑，但那样的黑色幽默如果发生在现实生活中，不分对象地运用，就可能令人尴尬，从而对你产生不好的印象。

用暗示的方式去批评

面对批评，不同的人会有不同的反应，大体上可以分为敏感型和迟钝型两种。针对迟钝的人，批评可以适当直观一些、严厉一些，但是大多数人还是敏感型的，也就是说他们的脸皮较薄，所以批评应该点到为止，不宜太露骨，稍稍暗示一下即可。这种方式不仅考验批评者的说话技巧，还很能显示出批评者的语言魅力。

一次宴会上，有位身体偏胖的太太坐在身材瘦小的萧伯纳旁边，面带娇媚的笑容问萧伯纳："亲爱的大作家，你知道有什么办法可以阻止长胖吗？"萧伯纳郑重其事地对她说："办法倒是有一个，但我怎么想也无法把这个词解释给你，因为'干活'这个词对你而言就是外语呀！"

萧伯纳采用委婉含蓄、柔中带刚的批评方式，显然要比直接对那位太太说她太懒惰效果更好。运用这种方法时，一般采用间接的话语，好让批评者有一个思考的余地。

更高明的批评手段是压根不让对方感觉到你是在批评，但又能让对方感受到被“敲击”的意思，进而启发他做自我批评。

批评的话虽然不是随口说出来的，但我们必须思考用什么样的方式把它说出来而不会让对方感觉难堪。对于那些有自知之明的人，采用暗示的方式是最好不过的了，因为这样做不仅可以达到批评劝说的目的，还可以避免把话挑明而产生无谓的伤害。

美国作家马克·吐温以幽默著称，他就很擅长运用直言曲达的暗示方法批评他人。

一次，他乘坐火车前往一所大学做演讲，结果火车开得实在是太慢了，眼看着时间就要不够了，他心里很着急。这时，来了几位列车员准备查票，马克·吐温找来一张儿童票，等到列车员查到他时，就把儿童票递给了对方。列车员也是一个很幽默的人，看了票后调侃着对马克·吐温说：“没看出来，原来你还是个孩子。”马克·吐温耸耸肩，无奈地说道：“我买票时是个孩子，不过，现在都已经长大了。”

一句幽默风趣的话，既表达了马克·吐温对火车开得太慢的不满，又不至于让对方觉得难堪。

将批评的话换种方式表达，或者绕个弯子幽默地表达出来，无论是对批评的人，还是对被批评的人来说，心理上都不会承担太大的负担。大家相视一笑，彼此心领神会，既达到了批评的效果，又不伤害双方感情，可谓一举多得。

借口要适当，不要伤感情

面对他人的请求，尤其是不情之请，你是当机立断、直截了当地拒绝，还是找个合适的借口进行拒绝以使友谊不至于破裂呢？虽然我们一直提倡做人应该诚实，然而，有时候我们还是不得不说些善意的谎言。

例如，当一个朋友跟我们借钱，我们有钱但是却不想借，那么是直接说“我有钱但就是不想借给你”，还是委婉地说“真是不好意思，我的钱借给老家弟弟用了”更好呢？显而易见，第二种方式是更容易接受的，最起码保全了借钱人的颜面。尤其是在不远不近的关系中，说得过于直白，反而更容易伤感情。在这种情况下，与其直截了当，不如拐个弯来说，也能给对方一个台阶下。

合适的借口有很多，根据不同的情况和彼此间关系的亲密程度，我们完全可以做到不伤感情地拒绝他人。

例如，一个男孩喜欢一个女孩，想邀请女孩去看电影，如果女孩不喜欢男孩，不愿意和他一起看电影，那么不如说周末有安排。

再如，父母要来大城市和你一起生活，但是你知道你的爱人并不愿意和老人一起生活，不如说你的爱人有洁癖，不习惯和他人一起生活，包括她自己的亲生父母，都是分开居住的。显而易见，第二种说法更容易让老人接受，否则老人一定暗暗伤心，觉得自己养大了孩子，却被孩子嫌弃。实际上，现代社会每个人都应该有属于自己的独立生活，这一点也是人之常情。

只要能够找到合适的借口，给对方一个台阶下，即便对方心知肚明你是不愿意帮忙，也会接受这样的结果。如此一来，拒绝当然不会伤害感情，只是让彼此心中有数而已。人，很多时候都是需要台阶的。况且，谁能说自己没有需要帮忙的时候呢？想清楚这一点，我们就一定会想方设法地给出合理的拒绝理由，让对方虽然被拒绝，也不至于尴尬。

早在结婚之前，旭旭就和陈培约法三章。其中第一条，就是结婚后不和公公婆婆住在一起。尽管陈培是独生子，却依然答应了旭旭的要求。然而，结婚两年之后，旭旭有孩子了，父母高兴之余，纷纷表示要来带孙子。陈培不由得左右为难。于理，他已经答应旭旭不和父母一起生活了，如果贸然把父母接过来，旭旭心里肯定不高兴，一定会与老人产生矛盾，最终闹得不欢而散。于情，他是家里的独生子，父母一辈子辛辛苦苦就只是为了养育他。如今，父母想来带孙子，这是天经地义的。思来想去，陈培只得编造了一个谎言。

当父母再次说起要来带孙子的事情时，陈培说："爸妈，旭旭因为生孩子，耽误了工作，被单位开除了。后来，我为了安慰她，就让她自己亲自在家带孩子，还和她说了很多妈妈亲自带孩子的好处。如今，她已经不再因为被开除工作伤心了，但是她也决定了自己在家带孩子。"听了陈培的话，爸妈当然一下子明白了其中的意思。妈妈佯装高兴地说："那就太好了。其实啊，你爸爸有高血压，我呢，心脏也不太好，腰椎还突出。我们之前也是打肿脸充胖子，要去帮你们带孩子。现在既然旭旭自己带孩子，我们也就放心了。不管怎样，只要把我大孙子养好就好。"

让陈培亲口拒绝父母带孙子的请求，陈培显然做不到。但是，把父母贸然接过来一起生活，两代人的生活习惯原本就不一样，再加上旭旭很有可能闹情绪，后果简直不堪设想。幸好，陈培采取了这种暗示的方法，让父母不要过来。父母呢，也是非常明白事理的人。在得知旭旭想要亲自带孩子之后，马上表示理解，也主动借坡下驴，收回了要去带孩子的愿望。如此一来，大家彼此心知肚明，但是因为并没有撕破脸皮，所以在相聚时依然是和和气气、幸福甜美的一家人。

中国人历来重视感情，讲究团圆，因此很多时候都会被感情牵绊。就像上述事例中的陈培，在是否让父母带孩子这个问题上，简直是个两难的选择。即使勉强把父母接过来，最终也会不欢而散，甚至在家人心中留下阴影。与其那样，不如找到合适的借口，防患于未然。这样一来，父母时间长了必然能理解陈培的苦衷，旭旭也能过自己想要的三口之家的生活。亲人之间的感情得到维护，不会因为一些芝麻蒜皮的小事，导致家庭矛盾的爆发。

拒绝要有分寸感

生活中，不乏有些人不会拒绝，每当他人有事相求时，即使能力有所不及，也因为碍于面子而应承下来。这样的承诺最后往往不能兑现，反而伤害了朋友的感情，甚至导致友谊破裂。那么，再次遇到这样的情况时，我们就该义无反顾地拒绝。拒绝的确应当义无反顾，因为只有你根据自身情况理智地选择拒绝，需要得到帮助的朋友才会转而求助他人，或者想其他办法。需要注意的是，拒绝也是要有分寸的。生硬的拒绝，不但让人尴尬和伤心，也会给你自己的人际关系留下阴影。聪明人不会生硬地拒绝他人，而是说出合理的理由，表达心有余而力不足的感触，或者尽心竭力地帮求助的朋友想出更合理的解决办法……诸如此类积极的方案，都能让朋友在被拒绝时不会太难过，也能感受到你真诚的心意。

有分寸地拒绝他人是有技巧的。首先，当你有实实在在的困难自顾不暇时，可以把自己的近况告诉朋友。这么做，可能会暴露你真实的生活情况，但是总比朋友误解你不愿意帮忙更好。其次，如果你只是因为怕惹麻烦不愿意多事而拒绝朋友，那么千万不要说“我不想帮你”，没有人愿意听到这句话。你完全可以找一个说得过去的理由，诸如最近手里比较紧张，没有多余的钱，或者家里老人不在，要回家带孩子，所以不能代加班等。你想出的理由应该尽量符合情理，这样即便对方知道你是在刻意拒绝，也有台阶可下，不至于太尴尬。再次，我们也时常会遇到那些不近人情的请求。例如，有些人就是非常强势，总是喜欢对人颐指气使。对于这样的请求，你可以不卑不亢地说“不”，而没有必要与其争吵，更无须争个高低。归根结底，最后不得不提醒大家的是，无论你出于何种心态拒绝他人，为了表示尊重，都应该耐心地听对方说完他的诉求，否则，在不了解情况时就果断拒绝，傻子也能看出来真相是什么。当然，如果你准备与求助者老死不相往来了，大可以粗暴地说“不”。还需要注意的是，求助者之所以直接向你求助，就是因为不想让更多的人知道他的窘况。如果你不能给予他帮助，那么千万不要通过他人之口代为转达你的拒绝，这样做是对求助者最大的不尊重，也会给他带来极大的伤害。这一点一定要记住，因为这是人际交往的大忌。

很多时候，拒绝还发生在对对方心存爱慕之意的男孩女孩之间。对于一个喜欢自己的男孩，善良的女孩总是不知道如何拒绝。如果是一个邪恶的女孩，也许会在被追急了之后，撕破脸皮，极尽所能地挖苦对方一番。当然，还有一种女孩非常明智，她们凭借着自己的聪明才智，知道如何既保全对方颜面，又恰到好处地表达清楚自己的心意。这样的女孩，即使拒绝了自己的追求者，也依然能够博得对方的尊重和喜爱，甚至与其成为朋友。思思就是这样的一个人，下面让我们一起来看看她的故事吧！

思思大学毕业后进入一家外资企业工作，因为工作性质的原因，经常会出国出长差。有一次，她正坐在巴黎埃菲尔铁塔附近喝咖啡，突然遇到了一个大学时代的校友董桥。在异国他乡遇到校友，思思和董桥都兴奋极了。后来，在巴黎的那几天，除了忙工作，董桥就充当向导，陪伴思思一起游览巴黎。

思思回国没多久，董桥就给她写了一封长长的邮件，向思思表达自己的爱慕之情。一般情况下，女孩子往往收到这样的邮件，如果是喜欢对方就欣喜答应，如果不喜欢对方，就会非常为难，不知道如何拒绝。思思脑中灵机一动，想出了一个好主意。她佯装没有收到邮件，第二天给董桥打了个电话。在电话中，思思向董桥提出了一个请求，说："师哥，我有件事情还想麻烦你。"一听这话，董桥当即表示："没问题，什么事，你说吧！"思思说："是这样的，我男朋友下个月可能也要去巴黎出差。他呢，从来没去过巴黎，我想拜托你如果有时间的话，就再给他充当一次向导。"听到思思的请求，董桥心里明白了："这是思思在暗示我啊，拒绝了我的表白。"既然如此，董桥也佯装从未写过那封表白的邮件，豁然说道："当然没问题，放心吧，我一定会把带你玩过的景点都再带他玩一遍。这样，你们在一起的时候也有更多可探讨的美景啦！"思思再三对学长表示感谢，他们在欢笑中结束了通话。当然，后来思思的男朋友并没有去巴黎，其实，这个男朋友只是思思虚拟出来拒绝董桥的。

董桥心里清楚，思思是个很好的女孩，拒绝他也说得这么委婉。后来，思思因为工作需要又去巴黎出差，还出了点儿小麻烦，都是董桥帮忙联系律师搞定的。如今，思思和董桥是非常要好的朋友。

很多女孩面对男孩的喜欢，不懂得拒绝，实际上，当男孩投入的感情越来越多，这种伤害也会日渐加深。当你明白自己的心意时，一定要准确地表达出来，这样才是对双方都负责的态度。不过，准确表达心意并非要生硬地拒绝，就像上述事例中的思思一样，以虚拟男朋友表明拒绝的态度，也是非常好的方式。

在生活和工作中，不管你面对的是谁，都应该学会坦诚地拒绝。与其遮遮掩掩，支支吾吾，不如坦坦荡荡。当对方感受到你的真诚，你们的友谊非但丝毫不会受到影响，反而会更加坚固和亲密。这就是拒绝的魔力。

合理的建议对方会感激你

很多时候，拒绝他人都让人难以开口。前文，我们也讨论了几种合理拒绝他人的方式，以免拒绝让别人伤心。实际上，拒绝并非只是帮助他人的结束，也可以成为帮助他人的开始。常言道，三个诸葛亮，顶个臭皮匠。众人集合起来的智慧不可估量。如果你真的想要在不妨碍自己正常生活的情况下，力所能及地帮助他人，其实也还是有办法可想的。假如你能够竭尽所能地为对方提出好的建议，给予他切实可行的帮助，那么他一定会心存感激，即使被拒绝，也不会埋怨你。要知道，当人处于为难的境地，或者感觉自己身处绝境难以回旋时，一个诚心诚意的建议，也许就会对他有很大的帮助，甚至开启他的思维，让他柳暗花明又一村。这何尝不是一种帮助呢？

在被拒绝时，人们难免会心生失落。如果能够得到可供选择的合理化建议，那么这种失落就会大大降低。甚至原本觉得对方不讲义气和情面的人，也会因此而对对方心生感激。这样一来，你只是提供了一个合理可行的建议，但是对方却得到了期望的帮助，甚至因为你的建议而脑洞大开，被你抛砖引玉，想出更加可行的办法。这种拒绝，是最人性化也是最友善的拒绝，每个人都会乐于接受的。

在相亲会上，美菊认识了一位非常优秀的男士。刚开始时，美菊对这位男士很感兴趣，因此和他互留电话，开始尝试着作为朋友相处。然而，没过多久，美菊就发现自己和男士并不合适。他们不但性格不合适，而且也没有共同的兴趣爱好，看电影都会产生分歧。为此，美菊想要提出断绝来往的请求。前几天，男士提出邀请美菊周末去周庄旅游，美菊一时之间想不到好的办法拒绝，只好说自己周末有可能加班。眼看着马上就到周五了，美菊终于想出了一个好办法。她给男士打电话，说："你好，我是美菊。是这样的，我周末要加班，另外家里也有一些事情需要处理。我介绍一个女朋友和你一起去吧，正好，她一直以来也非常想去周庄呢！她的性格活泼开朗，特别爱笑，你和她同行一定会欢乐多多。"男士稍加思考，就采纳了美菊的建议，也领悟了美菊的意思。

原来，美菊准备介绍给男士认识的朋友，是她的好同学思思。经过对男士的一番观察，以及在相处中对男士的了解，美菊觉得思思乐观开朗的性格更适合这位男士。因此美菊把男士的情况仔细地向思思进行了介绍，并且还给思思看过男士的照片，思思都觉得挺满意的。这样，美菊才把思思推荐给男士，也把思思的情况简单向男士进行了介绍。果不其然，周庄旅游归来，思思非常高兴。她特意感谢美菊，说："亲爱的，你把这么优秀的男士介绍给我，等看到我晒幸福的时候，可不要嫉妒哦！"美菊笑着说："他不是我的菜，你就尽情享用吧！"这样的拒绝，美菊既避免了男士被拒绝的尴尬，又做了一件成人之美的好事。只怕，男士在和思思情投意合之后，还得感谢美菊这个红娘呢！

美菊非常善良，虽然觉得自己和在相亲会上认识的男士不合适，但是依然顾及对方的颜面，并没有直接拒绝对方。直到物色到自己的好同学思思应该会喜欢这样的男生，才做了个顺水人情，为他们牵线搭桥，让他们找到最合适的彼此。这样一来，美菊的拒绝不但丝毫没有给男士带来伤害，反而给他送去一段更加美好幸福的爱情，男士怎么能不感谢美菊呢！尤其是思思，在与这位优秀的男士同游周庄之后，反而还担心美菊会反悔把这么优秀的男士介绍给自己呢！这样的拒绝，可谓是一举数得。

生活中，我们常常需要拒绝他人。为了避免给他人造成伤害，即使我们找到了最合适的借口，也依然需要给予对方合理可行的建议。当你用心思考，站在对方的角度为他解决难题时，相信他心里的遗憾一定会渐渐消散，甚至还会由衷地感谢你呢！

第九章

掌控人心，让他人愿意与你一路走下去

“惊吓效应”，有助于出奇制胜

在心理学中，有一种“惊吓效应”，心理学家也称之为“恐吓效应”，它是指人们在受惊之际，短时间内，其生理和心理都会发生剧烈的变化，包括血压升高、心跳加快、瞬间失去理智等。在受惊之余，人们甚至会做出一些令自己都觉得难以置信的事。

相信对于所有人来说，这种惊吓效应给自己造成的影响，都是一种不好的体验。但是如果我们换个角度去考虑——若是我们能灵活掌握这种惊吓效应，便能够利用它来操控对手的心理。若是对方在受惊之时做出的判断和举动有利于我们达到目的，那正可谓兵不厌诈、出奇制胜。

申无宇是春秋时期楚国的大夫。有一次，他家的守门奴偷偷喝酒，被其发现。因为害怕遭受惩罚，守门奴于惊慌中畏罪潜逃。

逃亡中，守门奴一番思量后，决定投靠当时的国君楚灵王。

当时楚国有明确的律令，规定任何人都不许进入楚国的王宫抓人。因此，只要进入王宫当个负责守卫的兵卒，申无宇就拿自己没有办法了。守门奴成功当上了王宫守卫。

然而，申无宇根本不管这套。他毫无顾忌，直接带着人进入宫中，将守门奴擒获并抓了回去。闻得此事的楚灵王大发雷霆，立即招来申无宇，严令他放了那个守门奴，并扬言要严惩申无宇，治他擅闯王宫的罪。

申无宇看着暴怒的楚灵王，不仅没有畏缩，反而义正词严、不卑不亢地说："天上有十个太阳，人间分十个等级。上级统治下级，下级侍奉上级，上下级之间相互联系，如此国家才能安稳，社稷才能久长。现今，微臣的守门奴犯下罪过，又畏罪潜逃，且逃入王宫，企图依靠王宫来逃脱惩罚。如果真的让他称心如意，让他因为王宫的庇护而逃脱了罪责，那么天下的人会怎么想？那些奴隶、百姓犯了罪，也会有样学样，逃入王宫祈求庇佑。若真如此，天下哪有法度可言？就连盗贼都不必再隐藏畏缩，敢于公然犯罪，谁还管得了呢？长此以往，必定天下大乱，国将不国，大王的江山也难以安泰。微臣不能眼看着那天到来，为了防患于未然，今日不敢遵从王命。"

听了申无宇的话，楚灵王沉默良久。他细细想来觉得申无宇的话很有道理，于是便将守门奴判给申无宇依律处置，并且宽恕了申无宇擅闯王宫的罪。

申无宇之所以能够说服楚灵王，不仅让楚灵王心甘情愿地交出守门奴，还让自己全身而退，正是因为他妙用了惊吓效应。国家动乱、社稷危难，人心不服、江山不保，这些都是身为君主的楚灵王最害怕的事。申无宇便以此为切入口，向楚灵王阐述了不依法惩办守门奴会引起的一系列恶果。这一招可谓“打蛇打七寸”，申无宇开口便让楚灵王处于震惊中，从而改变了其最初的决定。

我们在人际交往中，若也能像故事中的申无宇那样巧用惊吓效应，便能更加轻易地控制对方的心理状态。而一旦对方的心理状态为我们所掌握，那么接下来对方的言行或思想，都会朝向我们期待的方向前进。略带夸张地说，对方这时便会被我们“牵着鼻子走”。那么，为了在必要时成功激起对方的恐惧，令自己立于不败之地，我们在运用惊吓效应时，又该注意哪些方面呢？

1. 开口有气势

在与对手的交流中，我们一定要牢牢把持好自己的气势，也就是我们常说的要有“气场”。一个畏首畏尾、唯唯诺诺的人，不管说什么话，都会让人觉得这是他无谓的臆断或最后的狡辩。从这种人口中说出的话，无论多么有道理，在旁人听来也是自信不足、难以服众。因此，想要使对方重视、相信你的言论，首先要做到自己的气场足以令对方肯定、信任。但也应注意的是，这里说的“气势”，不是盛气凌人地目空一切，也不是咄咄逼人地开口就让对方哑口无言，而是在不卑不亢中做到先声夺人，于闲庭信步时在心理对峙中占得先机。简单来说，就是在两方交锋时，我们切忌怯懦，更不可狂妄。

2. 打蛇打七寸

想要让对方受到惊吓效应的影响，最重要的一点，是让对方切实感受到自身各方面的需求（如生存需求、安全需求等）受到了威胁。每个人都有自己最在乎、最不愿生变的事物，也即是人们常说的“软肋”。身为国君的楚灵王，他的软肋就是江山社稷，他最需要的就是国家安稳，王位牢固。在这种情况下，申无宇棒打七寸、一招制敌，开口便将楚灵王的心理状态捏在了自己手中，可谓妙招。

3. 适当用修辞

很多时候，人们面对现有的局面或结果，并不会感受到太多的威胁或恐惧。毕竟我们身边多是一些日常之事，更是一些“微不足道的小事”。当我们苦口婆心或义正词严地劝诫别人或警告别人时，很多时候对方会认为我们在杞人忧天，甚至是危言耸听。为了激发出惊吓效应最好的效果，我们需要在和别人沟通时，学会使用修辞手法。如故事中的申无宇，他能成功“吓”到楚灵王，受益于递进和夸张手法的完美结合。若他一味夸张包庇罪奴的危害，楚灵王只会觉得他是因为力求自保才如此夸大其词。若他不懂得层层递进，只将推断出的结果停留在盗贼敢在白天公然犯罪或更轻的程度，那么楚灵王也不会受到多大的震动。正是因为申无宇在这一段言辞中，能够审时度势，将各种修辞手法巧妙结合，才达到了如此的效果。

在我们日常的社会交往中，利用惊吓效应，让对方的心理状态为我所用这一招，可以说是一个出奇制胜的手法，更会为我们带来意想不到的效果。对于那些不听劝的朋友，不愿合作的对手，我们不妨适当地吓一吓，令其在惊吓之中做出有利于我们的判断和举动，从而达到我们的目的，让彼此在双赢中获得成功。

打造最强团队凝聚力的领导技巧

提起成功的领导，很多人首先想到的就是“领导技巧”“管理手腕”“上级对下级”“组织对个人”……并且认为若将这样一个带有明显“管理统治”色彩的词汇用在日常的社会交际中，颇有些“风马牛不相及”的感觉。其实，若我们能换个角度来看，就会发觉，在人际交往中，我们还是需要掌握领导他人技巧的。

例如，我们在教育孩子的时候，简单的说教很难引起孩子的重视，更不能让孩子的头脑中形成对错误清晰地认知。在这种时候，就是我们运用“领导手段”的时候，首先利用自己是“长辈”这个不争的事实，对孩子凌之以威，在这一瞬间让孩子的注意力得到集中，哪怕不理解错误的原因，也能够认知到他犯了错误这个事实；在凌之以威之后，就是施之以恩了，给孩子一定好处，然后趁势给孩子讲述错误的原因以及不可预测的后果。这种领导方式，是经过古今中外数千年历史考验的，作为领导驾驭团队以及团结下属最行之有效的领导技巧，受到全世界所有成功人士的认可并推崇，不论在古代，现在还是在未来，永远都拥有强大的生命力了。“恩”，是要求我们对他人施以恩惠，这样，对方就会在心里记住我们的情义，会在我们需要的时候伸出援手、知恩图报；“威”是要求我们在对方面前坚持原则、树立威信，当对方被我们的威信震慑时，内心便会对我们生出敬仰、钦慕及信任，至少从此不敢再小觑我们。

中国近代史上鼎鼎大名的“红顶商人”，晚清时期富可敌国的著名徽商胡雪岩，无论在官场、商场还是日常的交际中，都是一个深谙“恩威并重”之道的人。

胡雪岩的生意涉及银号、医药、丝业、茶业等众多领域，他操纵江浙商业多年，可谓当时中国的首富。而生意越大，需要的手下人也就越多。在他开始打算经营蚕丝生意时，身边没有什么得力的助手。正在犯难之时，他遇到了一个绰号叫作“小和尚”的人。

这个“小和尚”非比寻常，他原名陈世龙，是个街头混混，虽然机灵过人，凡事一点就透，但满身恶习，吃喝嫖赌样样精通。面对这样一个让人又爱又恨的手下，胡雪岩思考过后，将他叫到自己面前，正色说道：“我与浙江巡抚王有龄颇有交情。你若能跟着我好好做事，必定前程似锦。人生在世，所求不过成家立业，这两样，我都会帮你实现。”说完，胡雪岩拿出一笔数量可观的钱，让陈世龙拿去用。

陈世龙知道，胡雪岩与众多朝廷大员都有来往，在商界也有着赫赫威名。因此在他眼中，胡雪岩简直就是一尊浑身闪着金光的“财神爷”。对于浪迹了小半辈子的陈世龙来说，能跟着胡雪岩做事，祖坟也要冒起青烟。他赶忙应承下来，一个劲儿地点头哈腰。胡雪岩点点头，又说道："凡是跟着我干的人，我从来没有亏待过，这一点你可以放心。但俗话说得好，'师父领进门，修行在个人。'你日后的成就，还是要靠你自己争气。你若不能令我满意，我也不会违心留你。"

陈世龙是何等聪明之人，察言观色本就是他的看家本事。一听胡雪岩这么说，他立刻明白"财神爷"是在告诉自己他十分厌恶那些恶习，并提醒自己不要再犯那些毛病。于是他当下指天发誓，保证改掉恶习，从此以后改头换面，跟着胡雪岩用心做事。后来，他果然言出必行，不仅改掉了一身的坏毛病，还成为胡雪岩的得力助手。

在这个故事中，胡雪岩之所以能收服陈世龙，让其心甘情愿地主动改变、忠心做事，就是因为采取了恩威并重的手腕。在谈话之初，他先承诺陈世龙若用心做事便能前途有望，并且拿出钱财打赏陈世龙，让他感受到了实实在在的恩典；然后言语警告，让陈世龙受到震慑，感受到东家的威严。如此恩威并重，使得陈世龙在充满希望的光明大道上，懂得不时地躬身自省，每天规行矩步，从而彻底改掉了恶习，也助胡雪岩在蚕丝业获得了成功。

从字面意思来说，"恩威并重"就是指安抚和强制同时施行。自古以来，中国的封建统治阶级便奉行恩威并重的策略。恩，可笼络人心，让臣民效忠；威，可震慑人心，让臣民顺从。时至今日，恩威并重的领导艺术仍是众多领导首选的不二法门。而我们在平时的工作生活中，若能举一反三，将恩威并重作为一种沟通艺术运用于人际交往中，也可达到轻易“驾驭人心”的效果。那么，在实际操作中，我们又该从哪些方面入手，真正做到恩威并重呢？

恩威双施，并行不悖

很多人无法做到恩威并重，是因为无法正确、全面地看待恩和威各自的两面性。有人觉得与人相交施恩为主，这样才能以心换心，最后却被对方恩将仇报，自己伤心伤财。有人觉得世间众人多欺软怕硬，只有不断施威才能站在人群顶点不被轻视，殊不知自己早已被众人厌恶，拉入人脉“黑名单”，再也不愿与之来往。我们强调恩威并重，是指在与人相交之时，施恩不忘施威，施威也要施恩。如此，受你恩惠之人，同时受到威慑，心中才会有所顾忌，知道你不是可欺之人，更明白受人之恩当报偿；而受你威慑之人，一并感到恩惠，心中才不会生出怨怼，才能平心静气地接受你的威严。

在社会日益多元化发展的今天，心理学、管理学、经济学等众多学科中介绍的方式方法，越来越多地被我们引入社会交际的实际应用中。恩威并重这一领导艺术在人际关系中的运用，就是一个典型的例子。而何时运用、对谁运用、如何运用好，这些具体问题，还需要我们在实际生活中不断摸索、不断学习。

欲擒先纵见奇效

著名书法家赵朴初先生在92岁高龄时作《忍字高》，其中有几句是这么说的："忍得一时之怒，免得百日之忧。忍字高来忍字高，忍字头上一把刀；哪个不忍把难招……"俗话说，忍字心头一把刀。人生一世，难免磕磕绊绊，世事常不顺遂。这就要求我们能够忍过一时艰辛，忍过一时坎坷，最终迎来成功。而在社会交际中，尤其是在驾驭人心方面，很多时候，更需要我们能够忍一时之意气，在欲擒故纵中将对方的心理状态掌握在我们手中，让对方彻底"臣服"。

在兵法三十六计中，欲擒故纵是第十六计。《三十六计》中关于欲擒故纵的原文为："逼则兵反，走则减势。紧随勿迫，累其气力，消其斗志，散而后擒，兵不血刃。"意思就是，如果把敌人逼到无路可走的地步，他们就会拼死反扑。若让敌人逃跑，则能锐减敌人的士气。在追击敌人时，不要过于逼他们，只要紧紧地跟着他们。这样既能消耗他们的体力，又能瓦解他们的意志。等到敌人彻底溃不成军的时候再去擒拿，便易如反掌。欲擒故纵所以能够取得兵不血刃的效果，是因为这一计使敌人在心理上不设防备，不断暴露自己的弱点，其后因斗志丧失而完全溃败；而且在我方“纵”的过程中，敌人会逐渐信服我方。如此，我方便在这场战斗中取得了绝对优势，从而获得胜利。广为人知的诸葛亮七擒七纵孟获的故事，就是欲擒故纵的典型事例。

北伐是诸葛亮为蜀汉定下的长期国策。为了扫除后顾之忧，在北伐之前，诸葛亮决定先率兵平定西南夷酋长孟获的进犯。蜀军主力到达泸水附近后，诸葛亮在山谷中设下伏兵，然后诱敌深入。孟获不出意外地进入了伏击圈，兵败如山倒，他本人也被擒获。

孟获虽然被擒，但并不服气。为了让在西南夷威望颇高的孟获彻底臣服，诸葛亮接受马谡的建议，决定打“心理战”。他安抚了被俘的蛮兵，并将他们和孟获都放了回去。孟获非但不言谢，临走前还扬言下回再战必定战胜诸葛亮。

孟获回营后，据泸水之险，将船只都聚集在南岸，并在岸边高筑土墙，以防蜀军南渡泸水。诸葛亮见此情状，便让人从没有设防的下游渡河，截断了孟获的运粮路线，并袭击了孟获的粮仓。孟获派董荼那迎战，董荼那因受诸葛亮释放之恩，不战而退。孟获大怒，要杀董荼那，激起部下兵变。部下趁孟获大醉之际，将他绑到了诸葛亮帐前。诸葛亮至孟获醒来，见他依旧不服，便又放了他。如此双方对峙，诸葛亮对孟获先擒后纵，前后共有六次之多。到第七次，孟获已众叛亲离，诸葛亮设计火烧藤甲兵，三万蛮兵葬身火海，孟获又一次被马岱生擒。

至此，孟获自忖道："七擒七纵，古所未有。我虽然没什么文化，但也是知道礼义的人，怎么能这么不知羞耻呢？"于是，孟获带领亲信面见诸葛亮，发誓从此归顺蜀国。诸葛亮让孟获继续管理西南夷，蜀军之前所夺之地也都还给了他们。南方部族感于诸葛亮的恩德，自愿忠实于蜀，蜀南自此安定。诸葛亮用欲擒故纵的计策，收服了蛮人的心，也为北伐彻底解决了后顾之忧。

看完这个故事，我们不妨想一想：如果诸葛亮没有采取攻心之计，在第一次擒拿孟获后对其部族残余军队穷追猛打，那么最后能收到这么好的效果吗？纵使不惜一切军事代价，将蛮人打到臣服，这样得来的归顺也只是表面的，日后蛮人一旦恢复生气，必然挟怨报复，再挑战端。而如此攻心，不仅令己方的军事损耗减少，也让对方的斗志一点一点被消磨，令其对蜀汉的信服一点一点增加，直至心悦诚服，甘心归顺。诸葛亮将所夺之地还给蛮人，看似放弃了到手的土地，但实际上，他虏获了整片南蛮土地上人们的忠心。

在军事上，欲擒故纵是一种策略，让己方在一放一收之间以更小的代价获得胜利。而在我们日常的社会交际中，欲擒故纵更是一种制人驭人的手腕，一种为人处世的智慧，让我们在一退一进之中更加轻松地获得他人的信服与敬重。在驾驭人心时，只要我们能够灵活地运用好欲擒故纵这一手法，便可避对方之锋芒，兵不血刃地攻城略地。那么，在具体的实施过程中，我们又该着眼于哪些方面，才能让欲擒故纵的策略起到更好的效果呢？

1. 忍常人之不能忍

实施欲擒故纵的首要条件，就是实施者拥有强于常人的忍功，能够做到任他风吹雨打，我自岿然不动。面对对手的刁难、挑衅或是对抗，我们要坚持不动声色，以不变应万变。这样，对方自然放松警惕，随之而来的，便是他不断暴露的弱点，也是我们反击时能够一举拿下对方的基础。

2. “穷寇”莫追

诸葛亮深谙穷寇莫追的道理，所以七擒孟获之时，未有一次强逼蛮人的残兵败将。我们在与人交锋时，也要牢牢记住这一点。不追击，不逼迫，才能让双方对抗的情势缓和下来，才能给对方认输投降的时机和台阶。而我们在“纵”时展现出平和的态度、宽广的胸襟，会让对方逐渐敬重、信任我们，使之在心理上更容易接纳“败”于我方这一现实。

3. 看准时机，手到擒来

欲擒故纵这一策略，“纵”是手段，“擒”是最终目的。至于擒的时机，则为整个策略实施过程中最重要的一环。之前的纵，是为了让对方不设防备，乃至对我方产生信任。因此，在对方没有暴露出致命的弱点、心里没有完全臣服、对我方的信任尚不成熟之时，我们绝不可急于求成。否则，之前的一切努力将付之东流。

足够的隐忍，宽和的表现，恰当的时机，都是我们实施欲擒故纵的重要条件。当我们能够将这些方面都深谙于心并灵活使用时，相信我们便能在不知不觉中，一举攻占对方内心的城池，成功驾驭对方的心理。

第十章

心智成熟的旅程

让我们的生活充满节奏

把纸折成纸飞机后，我们总习惯用嘴对着飞机尖哈一口气，再让它飞向远处，好像这样它就能够飞得更远。与别人对打之前，我们总会摆出一个拳头在前一个拳头在后的攻守兼备的架势，然后再出手，似乎这样一来胜算就会大一些。

我们都知道这些行为并不能让结果产生变化，可是为什么很多人还要郑重地去做呢？

这就是良好感觉的一种节奏，我们可以利用这种仪式带来的良好感觉，对自己进行强烈的心理暗示，而这种暗示能够使自我变革，让自己的专注力、反应能力迅速提升。在很多情况下，良好感觉可以带给我们节奏，让我们做事时能够事半功倍。

村上春树认为，良好感觉是一件很重要的事，如他所喜欢的音乐一样，具有强烈的节奏感。他把这种节奏感带进自己的小说，以至于他的每一部作品在大多数读者看来，都像是一首曲子一样，有着一定的节拍，或快、或慢、或柔情荡漾、或激情昂扬。

有位游泳运动员曾经跟大家分享过这样一段经历，他说自己在刚开始学游泳的时候很笨，根本游不了多远，还没怎么游就累得气喘吁吁，感觉再也游不动了。

他的教练刚开始教他的时候就告诉过他，倘若你感觉累，感觉身体在水中很沉，那是因为你还没有游出节奏感。比如最基础的蛙泳，不管是双腿一蹬双手一划，还是双腿两蹬双手一划，都记得腿要伸直，停顿两秒，让自己的身体完全放松，游出节奏感，这样你才能越游越快，越游越轻松，越游越远。

不仅仅是游泳，生活中还有许多事情都需要节奏，这样才能做得更好。比如学习这件事，很多学生经常等到要考试了才开始温习，快毕业了才慌慌张张地去考证。也许凭着一时的聪明，集中精力突击一阵子，能够侥幸应付过关。但是在这种情况下学到的知识，真的学懂了吗？能加以利用吗？这种应付考试的学习不过是自己骗自己罢了。

一位学霸在现场演讲时说，学习的确是一件细水长流的事，不管是什么科目，都讲究日积月累，才能厚积薄发，绝对不是一步登天。而且也别对学习苦大仇深的，我学得好，并不是因为我比大家更努力、更发奋、更卧薪尝胆、更辛苦，而是我懂得把认真看书，当成生活中一种固定的仪式，持之以恒，一步一个脚印，才能走得踏实而稳定。

学霸说，他实在想不通，为什么有些人可以在学习的时候，分心去做其他的事情，根本学不进去；又在休息的时候，想起自已成绩不好，逼迫自己非要去学习。他说："该学习的时候就全心全意地学，等到休息的时候，就完全把学习抛诸脑后，痛痛快快地做自己喜欢的事情。"这才是正确的节奏。

通常，不会生活的人往往在工作上的能力也不出众，他们的工作缺乏节奏感。计划一个月完成的项目，他们前松后紧，刚开始懈怠着不肯开工。等到结束时间迫近了，又拼命加班加点，没日没夜地忙活。

可想而知，这种工作节奏做出来的项目会是什么质量。

这样加班加点赶工出来的结果能好吗？

肯定是错误百出，质量粗糙。等到项目完成的时候，整个人也是筋疲力尽，灰头土脸。久而久之，就连健康也大受影响。但是也另有一类人，在职场上永远神采奕奕，从容淡定，工作有条不紊，能举重若轻地处理好很多难题。他们生活和工作两不耽误，生活品质从不因为工作的忙碌而有所降低。

生活就像一部小说，安排有序，张弛有度，先有开始，再有发展、高潮，最后是结局，这样才能环环相扣，引人入胜。生活也像是优秀的教师给学生上的一堂生动的课，课前要有课程安排，接下来要备课，正式讲课时要深入浅出，开始要引起学生的兴趣，中间自然过渡，讲到重点时要适度紧张，结尾复习时再放缓节奏，一堂课下来，学生既不会过分紧张，也不会过分松懈。生活更像是音乐人谱的一首曲子，要有前奏、过渡、高潮、结尾，这样才能有独特的韵味，美妙无比。

就算只是日常生活中的一顿晚餐，我们也要细心地提前准备食材，精心烹调，还要有漂亮的餐具和精致的摆盘，就是在用餐时，我们也要为了这餐美食而保持一种节奏，一口一口地细嚼慢咽，细心去品尝它的味道，而不是风卷残云般地狼吞虎咽，一扫而光，不知其味。

把节奏融入生活里就是一种仪式，而良好感觉往往就是让我们生活得更有节奏。

尽管我们没有办法控制时间的流逝，没有办法回避所有的艰难和坎坷，但是我们却可以牢牢把握住生活的节奏，不会因为紧张而乱了阵脚，也不会因为太过逍遥而无所事事，生活中的许多仪式都可以让我们把生活过得张弛有度，充实而快乐。

良好感觉，就是让我们的生活充满节奏。我的朋友秋秋就是一个把日常生活过得极其有节奏感的人。

秋秋是一家五百强企业的人事总监，她说，人事工作是一个公司发展中很重要的一个环节，它联系着领导和员工，既服务于领导的决策，又与基层员工的利益息息相关，是领导与基层之间的推动剂和润滑剂。所以，人事工作烦琐且复杂，看似简单平常，实则包含很多学问。人事工作不仅仅体现在工作时间上，更需要深入公司每个人平时的生活当中。所以，秋秋平时工作很忙，工作时间不能自由调配，尽管这样，秋秋却总能够把自己的工作和生活都安排得有条不紊，忙里偷闲，亦张亦弛。除此之外，她还经常抽空去健身，身材一直玲珑有致。不知道为什么，她还有足够的时间陪伴家人和孩子，她和老公去过很多风景优美的地方旅游，留下一整面墙的照片，她家的博古架上，放着很多她和孩子一起做的别致的手工和玩具。

秋秋把生活的从容，归功于节奏和计划。每天早上她都会早起半个小时看看书，在书页的清香中迎来崭新的一天。中午吃午餐的时候，她会在网上学习亲子小手工的教程，在网上买好材料，晚上回家就能跟孩子一起制作了。她会陪孩子去上补习班，送孩子进入教室以后，她去附近的健身房，练习一个小时的瑜伽。她会每天晚上给孩子讲睡前故事，孩子入睡以后，她和老公两个人依偎在客厅的沙发上，一起听音乐，或者在网上看一部电影。

周末，秋秋还会带孩子出去郊游，或跟老公去看开心麻花的话剧。倘若哪个周末宅在家里不出门，她也会精心烹饪美食，制作一些精致小巧的西点和蛋糕。定期和朋友聚会，跟小姐妹们一起美容、逛街、品下午茶。放长假的时候，通常是一家人出门旅行。读万卷书不如行万里路，到处去走走看看，让身体和灵魂一起走在路上，是秋秋一直以来所坚持的生活方式和人生节奏。

无独有偶，吃货小米也能把自己的日子过得繁忙而不紧张，从容不迫。他是省广播电台的主持人，每周有三天需要凌晨五点到电台播报路况；他还是一档美食广播节目的主播，为了给广大听众朋友搜集一线美食信息，他经常亲自去探索城市里各处的美食餐厅；他还自己经营着一家私房菜馆，生意很是红火，每天的事情特别多，要设计菜品、监督货源，也要管理员工，更要了解顾客的建议和感受。即使这样，小米同样能够抽出时间来健身、学习，跟朋友们聚会，去国外采风和旅行。

甚至有听众打电话到节目里去问他，你怎么有时间做这么多事情？

他笑着回答说："我也希望一天能有48个小时，我最不嫌弃的就是时间多，因为我每天要做的事情太多了，好像总是做不完。但是，我不可能一天能有48个小时，我和大家一样，都只有24个小时，所以，我只能从有限的时间里去有计划，有节奏地挤出时间来。其实我们有很多碎片的时间可以充分利用。每天早上报完路况以后，我会跟店长来个10分钟视频，检查他们的工作是否到位。中午我一定要睡一个小时的午觉，保证下午有足够的体力工作。当主播工作结束以后，继续工作三到四个小时。每晚睡前一定会确认好明天店里的菜单，然后喝一杯牛奶，让自己更好地入睡。当然，适当的时候必须要偷个懒，给身心放个假。我每年都会闭店一次，带员工去旅游。人都是需要休息和放松的，不然就像弓弦一样，绷太紧的话，迟早是要断的。"小米在节目里这样告诉他的听众，"大家认真想想，分析一下，就不难发现，我们每天所有的活动，80%以上都是可以自己掌控的。所以，我们要学会有计划、有节奏地进行这些活动，学会统筹安排，分清楚主次缓急。这样我们就能过得从容不迫，有条不紊，不会感觉每天都有忙不完的事情，让自己活得很累。"

良好感觉可以让我们的生活充满节奏，而让自己的生活有节奏，归根结底，是一种能力。

每个人的人生都是平淡而匆忙的，但是总有些人生活得丰富多彩，亦张亦弛，富有节奏感。他们对于幸福的触角，比任何人都敏感，他们热爱生命中的细枝末节，郑重地对待每一件平凡的小事。简单的日常生活在他们细心经营和计划之下变得活色生香。

真正的良好感觉不是沐浴焚香、肃穆以待，也不是奢靡豪华、铺张浪费，而是把生活过得富有韵律感，就算只是柴米油盐的生活琐事，也要提前计划，做好充分的准备。对于那些懂得掌握节奏感的人来说，在他们光鲜亮丽的生活里，紧张拼搏与放松休憩同等重要，每一个环节他们都会全心全意地享受其中。

我们每个人的生活都需要一个平衡点：太忙则真性情不见，太闲则别念窃生！

太过忙碌的时候，记得要学会缓一下，转移自己的注意力，调节事情的节奏，不要操之过急；太过悠闲的时候，你也许需要去找点有意义的事情来做，比如挖掘自己的兴趣，学个技能，报个兴趣班。在忙与闲之间找到平衡感，才能过得充实又舒适，开心而有成就感。

人生在不同的阶段需要有不同的节奏。童年时期是天真无邪，尽情玩乐的节奏；少年时期是好好学习，天天向上的节奏；青年时期是兼收并蓄，成家立业的节奏；到了中年即是中流砥柱，担当责任的节奏；而老年则是安享晚年的慢节奏了。最终，不同的节奏，合奏出精彩的人生。

良好感觉，就是让我们的生活充满节奏，人生需要变化，需要经历，需要丰盈，也需要我们在任何情况下都能从容面对。倘若你不喜欢白开水一样的生活，那就要勇敢地改变自己生活的节奏，寻找到属于自己的韵律，不疾不徐、不慌不忙，从而活出精彩的人生！

提升我们的行为力

心理学中有一种锚定效应，当因事物的不确定性而产生恐惧时，人可以通过一段预测、设想的过程来降低自己内心的不安。仪式在某种程度上就是一种心理锚定，给人以确定感和秩序感。生活的仪式是内心与世界之间的一座桥梁，带来的自我暗示会让我们更专注认真，也更能体味日常中的趣味与美好。

朋友吴宇星练了很多年的跆拳道，已经拿到了黑带，却还是年年报跆拳道的学习班，我开他玩笑说："你又不是要去参加奥运会，是个意思就成了呗，干吗年年都要花这个钱啊？"

他很认真地告诉我，跆拳道教会他的不仅仅是简单的格斗和对抗技能，还有一种充满良好感觉的行为，这可以让他的专注力与效率得到提升。

他说每次训练开始，老师都会说一声："Osu!"只要这个词一出现，周围所有的人神情都会立马严肃起来，连呼吸都会保持一种特有的节奏。也正是这个词，让他感受到良好感觉的力量与意义。因为它是一个敬辞、问候语，象征着耐力、决心以及坚持。吴宇星告诉我："跆拳道是一项极其严格的训练，需要逼迫自己的体能趋向极限。所以训练者要通过象征性的语言激发自己的斗志与潜力，向自身传播信号，让身体各个方面的机能短时间内迅速达到完美状态。最后在个人的思想中建立铜墙铁壁，不断给予自己暗示：要努力克服痛苦，要专注地训练。"

说到这里，吴宇星给我讲了件他小时候的事，他小时候每天出门前爸爸妈妈会给他一个拥抱，临睡前还会给他讲一个故事。讲故事时，爸爸或妈妈还会握住他的手。这样的动作让他感到无比温暖和安心，而这个睡前故事最后也成为他每天睡觉前的固定程序，不用父母提醒，自己会产生一种强烈的自我暗示：故事听完了，现在我要睡觉了。

吴宇星的话，我好像听懂了，可又好像没听懂。他见我似懂非懂的样子，就又进一步跟我解释，他告诉我，简单来说，良好感觉就是一种强烈的自我暗示，也是一种精神上的礼仪。而把它应用到时间管理上，这种自我暗示就是一条明确的分界线，将人的生活状态与工作状态进行划分。然后一旦完成了充满良好感觉的动作，内心便会出现提示，这种提示，能让自我发生变化。它将自己的反应能力、思考能力、专注能力提升到一个"绝对工作"的状态。

他说有位叫胜间和代的女士是日本非常有名的"职场女神"，她 19 岁就通过了日本注册会计师复试，是历史上最年轻的通过者。历经安达信、麦肯锡、摩根大通的工作后，独立成为经济评论家。被《华尔街日报》评为“全球最值得瞩目的50位女性”之一。

胜间和代在一次NHK的采访过程中，透露过自己进入“绝对工作”状态的一个小仪式。她说早年在准备注册会计师考试时，会放一面镜子在写字桌上。从镜子放上去的那一刻起，她便会全身心投入到学习状态。因为一旦她偷懒，就会从镜子中看得一目了然。

也就是说，我们可以用一种仪式让自己很好地分割时间，该工作的时候工作，该休息的时候休息，就像跆拳道中的“Osu”是一种开始，而睡前故事是一种结束那样。很多人之所以效率低，并不是因为能力上的问题，很大原因在于他们没有将工作状态与生活状态区分开来。没有区分就意味着这两种状态会搅成一锅粥。工作的时候想着些玩乐的事，玩乐的时候又想着烦心的工作，于是就造成该享受生活的时候，并没有百分之百地享受；而该工作的时候，也没有全身心地投入。

仪式有时候是为了转变角色，就像胜间和代放在写字桌上的那面镜子一样，可以帮我们准备好走入另一种空间、时间和角色。

英国著名人类学家维克多·特纳（Victor Turner）就曾经用“liminality”解释仪式一词，这个词的词源意味着“门槛（threshold）”。在特纳的论述中，仪式意味着人从一种状态向另一种状态转化的过渡阶段、中间状态。

维克多·特纳告诉我们，从时间维度的角度最容易理解仪式的作用。

比如犹太教和伊斯兰教的割礼，通过物理的（割除包皮）到象征的（穿着正式、念念有词的拉比或阿訇，参加仪式的群众），向世界宣布一个新的（男）人的生命正式开始了，或视具体施礼时间的不同，也可能是这个男人已经成年了，可以结婚了。

再比如现在我们国内也开始流行的单身派对（Bachelor Party），则是通过狂欢的形势来表示一个时代结束了，我以后就是一夫一妻制的信徒了。或是小学上课时铃声一响，随着“起立”“同学们好”“老师好”“坐下”的声音，一个轻松的时段结束了，接下来的45分钟是学习的时间。

良好感觉是我们个人对于自我的一种庄严的礼仪，我们能够借助它进入一种忘我的状态，一种全力以赴的状态。这种小小的自我暗示看起来似乎微不足道，却是一个强有力的杠杆，能够大幅度提升人的行为力。

郑微每天为了赶在图书馆8点开门时占到座位，通常会在7点20分起床，除了简单的洗漱，还要把头发打理好，然后打上粉底，拿着早餐去排队进馆。随着“大部队”进入图书馆后，郑微赶紧找到位置放下书，接着从包里掏出一个化妆包冲进洗手间，用十几分钟的时间化好妆。这是大学生郑微每天给自己的仪式，她认为这个仪式为她的考研做出了巨大的贡献，是她考到名校的重要秘籍之一。

郑微说，只有化好了妆，自己才能坚持一整天都待在图书馆里学习，不然就老怀疑自己不好看，想要回宿舍藏起来。同样备考研究生的张小雪在做一件重要的事情前，也要先化妆。在她看来，化妆的过程就像是一个仪式，让她静心，然后她便能进入最佳的学习状态。

说起学习的仪式，大学生们的习惯可谓是只有想不到，没有做不到。

接上一杯热水，在书桌的右手边摆好，再把笔袋放在正前方，这是杨凯开始一天的学习前必备的仪式。他说，几乎每次开始学习之前都会将水杯、笔袋摆好。倘若哪天没有这么做，学习的时候就会感到不踏实。在杨凯的眼里，学习本身就是一件充满着良好感觉的事情。在学习之前将需要用的物品按习惯摆好的过程，会让他更好地调整心态，稳定情绪。而倘若是去咖啡厅学习的话，杨凯每次都会先点一杯咖啡。对他来说，这样会学得比较踏实。买了一杯咖啡，就感觉买了这一天在咖啡厅的学习时间，不会再想是否还要去干别的，而只考虑与学习有关的事。

杨凯的同学周正，他的学习仪式比杨凯还奇怪，他喜欢边听音乐边学习。对于周正来说，学习的良好感觉不仅可以让他直面学习，甚至还可以躲开中断学习的借口和干扰。当然，倘若周正意识到自己被音乐影响了，就会自动改成带耳塞学习。他说："我不喜欢别人翻书的声音，这会让我很烦躁。外界的声音大概就像听力考试的时候翻卷子的声音一样吧，在思考时会很影响我。"尽管有听着音乐学习的习惯，但周正一直是个学霸，因此父母也从未对他的习惯表示反对或者干预。在周正看来，只要能学下去、学得好，用什么奇怪的仪式都无所谓。

我们大部分人都容易把自己一直放在同一个状态下，很难转换，想要转换就需要一点点改变，而这种改变叫作仪式。仪式是一种将外界事物与精神紧紧相连的一个途径，我们借由这种仪式带来的良好感觉，给自己一种强烈的自我暗示。这种暗示能够使自己变革，把自己的专注力、反应力、情绪等迅速提升，从心理上来讲，良好感觉暗示你必须要认真地去对待这件事。

换上舒适的家居服、认真准备一顿晚餐是生活里的仪式，这顿晚餐在告诉你，你是在生活。着正装是职场里最好的仪式，正式的穿着与沟通可以给这份工作增加尊重。

生活里的仪式丰富了记忆，让生活多了些回忆和值得珍藏的点滴；工作中的仪式提升了责任感，让职场里的人更加自信，更加懂得自己工作的意义。

让内心和身外的世界建立联系

良好感觉可以让我们的内心和身外的世界更好地建立联系，使我们可以通过一些抽象的事物去感知和理解这个世界。仪式之所以重要，不是强化精神或者“加持”物质，而是将二者相连，将外界的物质与我们心中所理解的世界结合起来。

你有没有发现，有些人会突然出现在你生命里一段时间，然后又消失不见。或许并不是消失不见，只是你们的联系开始变少，逐渐变得陌生，就算再见面也不知道说些什么。之后你凑巧丢了手机，失去了他的联系方式，最后终于成了陌生人。我不知道这究竟是怎么一回事，但事实就是这样，你总会失去几个曾经无比熟悉的朋友，彼此在不知不觉中渐行渐远。

在分别的时候，比如毕业、搬家，或者换了工作，我们曾经恨不得把一些人的户口本和身份证都拿出来照抄一遍，以便铭记一生。我们互相都说好了要经常相见，却没想到最后会再也不见！

朋友告诉我，她和交往多年的男朋友分手了，声音很平静，表情很淡定。

我问她为什么，她说两个人在一起久了，感觉好像不合适，就分手了。

我问："就这么简单？"

她点点头，貌似很坦然的样子："就这么简单！"

接着就听她轻轻地叹息，我不知道怎样接话，只好保持沉默。片刻后她说："我原本以为两个相爱的人要分手，至少有一个简单的仪式，至少要发生一件轰轰烈烈的大事情，比如出现第三者，比如某方患了绝症，或者至少是关乎金钱和前途的抉择……但有时候真的没有那么戏剧化。仅仅是忙碌、淡漠、疲乏，就足够结束一切了。"

当然我也见过一些人在分手的时候寻死觅活，服毒、割腕、跳楼跳河，要你安慰，要你听她歇斯底里的倾诉，你的衣服被她的鼻涕和眼泪糊了一身，你打着哈欠收拾她喝完酒撒酒疯后留下的一片狼藉。尽管这些行为并不光彩，可是对于分手的人来说，这是一个仪式，一个能化解这份痛苦的仪式。

有了这个仪式，情绪才会得到发泄，受伤的人才能够在时间的抚慰下恢复到正常状态。慢慢地，平静下来，换一种心情，再愉快地牵起另外一个人的手，坚定不移地迈出自己人生幸福的步伐。

有人问我，爱过是不是就不会忘记？

我想说：遇到，我会感恩；错过，我会释怀！人生就像漫步星空，遇到的那些人，有些是恒星，有些注定是流星，我们不可能去一一把握。当我们有幸从茫茫星河里找到那颗恒星以后，我们就可以笑着流泪了。

据说，我们的一生一般会遇到 8263500 多人，会打招呼的是 39700 多人，会和 3600 多人熟悉，会和 270 多人亲近。

相遇和离开对于我们来说都是一种仪式。尽管我们对此心知肚明，但是在看到这个数据的时候，我却依然很悲伤，不去谈那些仅仅打招呼的 3 万多人，原来我们一辈子至少要损失 3000 多个相熟的人，而最终只能与 270 多人亲近。

在我们的生命里，每天都必然会遇到一些人，同时又失去一些人。很多遇见照亮了生活，温暖了岁月；很多离开暗淡了心情，促使我们成长。生活总是因为聚散离合而多姿多彩，人生也因这些相遇和离开而充满悲喜。

有人说，前世相欠，今生相见。原本有些相见，就是为了续前世未了的缘；也有些相见，是为了还前世相欠的债。所有的遇见，都是有缘由的，没有人会无缘无故地来到你的生活中，也没有人会无缘无故地离开。

还有人说，这辈子都不一定能遇见，就别想下辈子了，相见不如怀念。有时候，遇见很容易；有时候，遇见又很难；更多的时候，见与不见，只在一念之间。

有些遇见，不在乎天长地久，却在乎曾经拥有；有些遇见，不在生活中，却在生命里。

得到与失去也是一种仪式。当它们在我们的生命里频繁出现时，就形成了一种习惯。既然有所得，那么有所失也就没有那么可怕，甚至我常安慰自己，也许下辈子还会遇见。

可是人生没有下辈子，今生的每一分每一秒都弥足珍贵。不要以为时间还早，不要以为年纪尚小，也不要以为过了今天还有明天，过了明天还有后天，我们都不知道明天和意外哪一个会先来，唯一能做的就是好好把握当下，不去想还有来生。

无论这辈子两个人能相处多久，无论这辈子是爱还是不爱，都请好好珍惜共聚的时光。下辈子无论爱与不爱，都不会再见。

生活中存在着许多我们无法左右的东西。比如今天你在街角看到一朵美丽绽放的花，明天再去看，它开始枯萎，到了后天，它已经凋谢了。

良好感觉可以让我们的内心和身外的世界更好地建立联系，使我们可以通过一些抽象的事物去感知和理解这个世界。

在之前许多哲学体系中，人们偏好于二元的模型——物质和精神，于是便有了唯物与唯心的对立，这两个似乎不可调和的派系斗争了几千年，从希腊学院一直到今天的网络，直至此时此刻也还有人正在为此争论不休。

但有没有人想过，物质和精神或许并非对立，他们不过是世界模型的两个端点，在争论这两个端点谁是起点的时候，是不是也要考虑是什么将这两个端点连接起来的？

明代思想家王阳明将这个过程描述为“身、心、意、知、物”，抛却身这个个人本体不说，心和物之间还有意和知。这与现代部分历史学流派所关注的观念和文化两个概念不谋而合。而这两个概念，就是仪式的本源。

有一个讲王阳明和朋友到山间游玩的故事。朋友指着岩石间的一朵花对王阳明说："你经常说，心外无理，心外无物。天下一切物都在你心中，受你心的控制。你看这朵花，在山间自开自落，你的心能控制它吗？难道是你的心让它开，它才开的；你的心让它落，它才落的？"

而王阳明的回答很巧妙："花当然是自开自落的，可是它能不能扰动我的心却是由我来决定的。哪怕天崩地裂、洪水滔天、电闪雷鸣、暴雨大作，只要我心中安然，便永远是在桃花源、艳阳天。"

一朵花的开落，是一个无法改变的过程。正如一个人的衰老，也是无法抗拒的。所以，我们要有积极的观念，在内心塑造美好的意境。你拥有怎样的内心，便拥有怎样的人生。只有内心是美好的，你才会看到美好的东西，人生才会充满无限光明，充满温暖的爱。

另一个故事是关于王艮与王阳明的。一天，个性极强的王艮出游归来，王阳明问他：都见到了什么？王艮以一种异常惊讶的声调说："我看到满街都是圣人。"

王艮这句话别有深意，他来拜王阳明为师前是个狂傲不羁的人，拜师后也未改变"傲"的气质。王阳明多次说："人人都可以成为圣人。"王艮不相信，他始终认为圣人是遥不可及的，所以他说的"我看到满街都是圣人"是在讥讽王阳明。而王阳明大概是猜透了他的心思，于是就借力打力，道："你看到满大街都是圣人，那么满大街的人看你也是圣人。”

王阳明的这句话是有深意的，倘若人心中有无限的包容、友爱和善意，那么谁不愿亲近他，谁不爱戴他呢？自然地，满大街的人看你也是圣人了。能做到如此，确实是圣人了。

短短一句话，既说出了一个人应该具有的文化修养，也道出了教化世人的最好方式——以身作则，感化世人。所以别再怀疑和抱怨，加强自身的修养，树立一种文化良好感觉，你会看到一个包容和友善的世界。

仪式之所以重要，不是强化精神或者“加持”物质，而是将二者相连，将外界的物质与我们心中所理解的世界结合起来。

有信仰者的心中，必然有一个信仰的世界，这个世界有自己的规则、善恶，其本身与“物质”的世界必然是不同的。若说些不敬的话，神圣造像不过是些特殊形状的金石，焚烧的香料也不过是特殊气味的木材而已，但是通过仪式，金石、木材与心中的神圣造像和神圣气味结合，在信仰者眼中，身边的物质世界便与心中的信仰世界有了重叠。

个人的心灵必然是孤独的，因为一个人的观念必然与别人不同，甚至无法表达。但仪式给了个人和他人在心灵上同一的可能，通过特殊的器具、行为、程序，将个人意识中的某一部分与这些文化符号上所附着的意义同一化，从而使人们产生交托感与归属感，这就是仪式的重要所在。

带给你更强烈的自我暗示

失败者有时比成功者更聪明，但他们不愿坚持到底，不愿重复一个信念；相反，成功者能够坚持到底，愿意重复一个信念，并能在重复的过程中克服一切困难。这就是失败者与成功者的最大区别。那些懂得在重复中利用良好感觉来消除潜意识里的负面信息的人，通常都会获得好的回报。

生活节奏越来越快，很多人已经习惯了在外面就餐。我们在吃饭前，不管在高档酒店还是在路边小馆，都一定要用茶或开水来冲洗碗筷。其实这并不能有效杀菌，因为科学实验表明，餐具在开水淋烫后，细菌数值下降不到3%，效果非常微弱。可是就算我知道了这个道理，之后每次吃饭前还是忍不住用茶水或开水来烫洗碗筷。因为久而久之，习惯成自然，餐前烫碗筷，更像是一种仪式。它的作用从一开始的杀菌最后变成了心理安慰，觉得过了这次水，碗筷就会更干净，也就更加放心，吃得更香了。

出租车司机杨师傅经常给他的乘客讲这样一件事：邻居家有

个老太太，每天都跟儿媳妇吵架，说儿媳妇对她不好，不是做的饭不好吃，让她没有胃口；就是给她准备的枕头被子不够软，让她睡得不舒服；或者说儿媳妇晚上玩手机，闹得她心里不舒服。就这么吵着吵着吵了一年多。有一天儿媳妇实在忍不住了，说："妈，你怎么能舒服？医生早就说了，你心脏上长了一个瘤子，是癌症，你当然会不舒服！"

儿媳妇这么一说，老太太突然意识到自己可能活不了多久了，于是架也不吵了，非常主动地去休息，还到处寻医问药找偏方，可是没过三个月人就走了。

儿子总是怪自己的媳妇："你怎么能把生病的事情告诉妈呢？"媳妇很委屈："医生早就说过老太太也许挨不过半年了。"

科学研究发现，人的潜意识能在一段时间内主导人的感觉，用另一种思想反复灌输给大脑中的潜意识，原来的思想就会慢慢地衰弱、萎缩，新的思想就会占上风。就像一盘录音带里录上新的音乐，原来的就被替换掉了一样。因此，这反复灌输给大脑的另一种思想倘若是正面的，事态就会朝着积极的方向发展；反之，事态就会走向消极的一面。

潜意识是你的内在听众，你必须说它听得懂的语言，否则，它不会理睬你所说的话。

潜意识最懂得带有强烈情感和感受的语言。这类语言一定不要带有否定词，倘若你说"我不会害怕……"，这种否定陈述很难完全改变潜意识里的想法——你可能还是有点恐惧；但你必须用另外一种新的而且积极的言辞来代替，比如"我充满自信"之类的肯定语，并且投入所有的情感，如此，才能产生较好的效果。

我们的神经系统是很“笨”的，当我们的肉眼看到一件喜悦的事时，它会做出喜悦的反应；看到忧愁的事时，它会做出忧愁的反应。而倘若我们用“心眼”去“看”喜悦的事或忧愁的事，神经系统也会做出相似的反应。

这些喜悦或忧愁的事物，以及情感强烈的语言就是产生潜意识的催化剂，是一种心理暗示。

想成功就要给予正面积极的暗示。许多科学实验结果证明，正面暗示能够促使我们成功，而负面暗示则阻碍我们成功。一个听着可以提高“自我评价”并且产生自信的话语成长起来的孩子，将会拥有美好的未来。相反，听着批评、否定等负面话语成长起来的孩子，就会被灌输自卑感，很容易陷入心灵的阴影。

暗示可以用来控制我们自己，也可以用来控制其他人。倘若是正面的，将促使人进步，成就将极为了不起；但倘若是负面的，它就会带来失败。

法国数学家、哲学家帕斯卡曾经说：“跪下，动动嘴唇祈祷，你就会相信！”

就像那些姑娘们，她们需要你有烛光晚餐、钻戒、表白、婚礼等带有良好感觉的行为，这样她们才能更相信，原来你是爱她的。这并不是姑娘们太矫情，而是良好感觉这个东西就是这么的神奇，它会带给人一种强烈的自我暗示，让我们无比虔诚地去信服。

我们现在闭上眼睛来想象一下，你在一个空旷的场地，马上要与一个人进行生死对决，面对强敌，你将如何开始这场决斗？你手持钢刀，把右脚横踩出一步，同时手指握紧刀把，向前虚劈一刀，左手立掌胸前，准备迎敌。

相信大家都看出来了，这是某种武术架势。如此郑重地做出这个架势，并不能够对敌人造成实质的伤害，那么人为什么需要这么郑重、认真地做这个动作呢？

这也是种仪式。我们借由这种仪式带给自己一种强烈的暗示，在这种暗示下，我们的专注力、反应能力、运动能力会得到迅速的提升。

当然，也许有人说决斗并不是经常有的经验，那么大家有没有向外抛出过物体，想要把东西抛得很远，越远越好，很多人在抛出物体之前，都会有闭眼、深呼吸，然后再睁眼，看向远方这一系列动作。尽管你的身体、眼睛并没有因为闭眼和深呼吸而产生变化，但是这个小小的仪式就是一种自我暗示，可以让我们的注意力更集中，让我们的五感对周围环境的变化更加敏锐，所以更容易达到预期的效果。

所以我们需要良好感觉，其中一个原因就是我们需要某种自我暗示，暗示自己要更专注、更认真地去对待这件事。

实际上，不仅仅是个人，企业也同样需要良好感觉。

比如企业的品牌影响力、用户忠诚度、领导的感召力、员工的策划力和执行力等，这些都是虚拟的东西，很难用实物或数字去衡量。那如何去感知它们呢？良好感觉在这里就起到很关键的作用。

国内某知名公关公司的客户经理曾经分享过一个案例，因为需要策划各种各样的活动，他们常常需要集合大家一起来一场头脑风暴，而为了更好地激发灵感，他们有一个专门的会议，叫作“梳头会”。

所谓“梳头会”，就是准备很多种梳子，有木头的、塑料的、金属的，喜欢哪个用哪个，每次开会的时候，梳子就放在桌子上，轮到谁讲了，那个人要先选择自己喜欢的梳子梳两下头发。据说梳过头以后讲话，还真的感觉神清气爽，经络通畅，各种好点子根本停不下来。梳头更像是一种仪式，让他们放松精神，人在精神放松的情况下，才能够产生更多的灵感。试想，倘若一群人只是端坐在冷冰冰的会议室里，绞尽脑汁，愁眉苦脸，哪能憋出什么好点子来？

很多公司月度、半年度、年度都会有各种各样的奖项。除了奖金的直接激励外，还会颁发奖状奖牌奖杯，甚至会评选明星员工，让他们走红毯、获得鲜花和掌声，等等。这其实也是一种仪式，更是一种态度和一种强调，让大家能够意识到努力工作的重要性，提高大家的竞争意识。

我们再来说说品牌，如何把品牌做得更加深入人心？

它会有统一的包装；它的 LOGO 会出现在你常使用的物品上，比如签字笔、快递盒、手机壳；它会有周年庆或者纪念日，有的还有吉祥物，或是请明星代言。不管是什么仪式，都有一个关键点，就是重复，不断地重复，就像广告一样，一遍又一遍，铺天盖地，非要你看到，非要你不止一次地看到。

部队为什么整齐划一，为什么战斗力强，因为他们训练凝聚力最有效的办法就是重复。德国总理默克尔曾经表示过，政治家要重复，一直重复到大家都明白为止，重复到大家认可为止。作为一个企业或者一个组织的领导者，不也需要这样吗？就像马云和马化腾总是乐此不疲地进行内部讲话一样。

良好感觉也具有同样的道理，需要通过各种言行举止不断重复，因为群体总是健忘的，那些原本看上去是形式的行为，很多人一开始内心是拒绝的。但久而久之，当人们在心态、意识上树立起了某种导向时，反而产生了一种庄重的感觉。这时，“形式”就起到了积极的作用。

重复会使困难的事变得容易，使我们的鉴别力变得更强，使第六感更加敏锐，也能使我们的工作更加精确。自然而然地，我们的成绩也更加卓著。比如，开水之所以能沸腾是因为它被不断加热的结果。倘若烧到99℃就停止加热的话，仍然不能说是开水。像人们看书，重要的内容往往也只看过一两次，你问他们看过吗？他们说看过了，但那些重要的知识却没能植入脑海，不久之后便已模糊不清了，这样吸收到的知识只能算是了解、知道，却很难做到实际应用。

知道不算，做到才算。因此我们必须反复练习，使其成为固定的仪式以及习惯。比如，在人际交往中，你明明知道越是自然大方就越能得到对方的认可，可有时就是做不到，这也是因为你还没有形成这样的行为习惯。因此，要养成一个良好的习惯，就要掌握这一规律，那就是不断地自我暗示，不断地重复暗示。

重复暗示的积极作用可归纳为以下七点：

1. 只有重复才能消化知识，使其化为行动；

2. 不断提高人的能力，用同样的能力可以完成更多的工作；

3. 单个过程会逐渐相互同步；

4. 我们的业务能力会不断地改善，我们将越发感到安全可靠；

5. 每次重复都会释放能量，增强创造力；

6. 增强敏感性，潜意识里能更加精确地工作，使你有更强的适应能力；

7. 不断地重复一个信念会使人相信它，继而坚信它（包括反面信念）。

知识只有在潜意识中转化为驱动力后，才能正面控制我们的行为。练习也是如此，光知道潜意识工作原理和思考方法还是不够的，还必须要定期实践它。因为每次重复都将带来深化。

失败者有时比成功者更聪明，但他们不愿坚持到底，不愿重复一个信念；相反，成功者能够坚持到底，愿意重复一个信念，并能在重复的过程中克服一切困难。这就是失败者与成功者的最大区别。那些懂得在重复中利用良好感觉来消除潜意识里的负面信息的人，通常都会获得好的回报。

所以，倘若你渴望成功，就必须学会运用正面的自我暗示，进行心理重建。否则，以往的那些困难和挫败会使你在生活的各个方面都陷入一种失败的行为模式。

积极的自我暗示是一种方式，可使你远离言辞灌输给你的许多消极、不好的东西，因为这些东西可能会扭曲你的生活模式，令你难以培养良好的习惯。你可以经常定期地检视一下别人对你提出的否定性暗示，进行自我修正，但不要因为别人提出了具有破坏性的暗示，而受到太大的影响。

别人的暗示本身没有绝对影响你的力量，只有当你沉湎于别人的暗示之中时，它们才会有力量。因此，最重要的是你自己的想法。我们都有自我选择的能力，所以我们都应该而且必须去选择正面的暗示，保持积极的心态。而当我们习惯于想快乐的事时，我们的神经系统便会习惯地令我们处于一种快乐的身心状态，做起事来也能够事半功倍。

知难而进

做成一件事并不难，难的就是没意志，怕吃苦。

一个人想学打猎，找到一个有经验的老猎人请他做老师。他向老猎人说："人必须有一技之长，在许多职业里面，我选中的是打猎。我很想持枪到树林里去，打到我想打的鸟。"于是老猎人检查了那个徒弟的猎枪，枪是一把好枪，徒弟也是一个有决心的徒弟，就告诉他各种鸟的性格，以及有关瞄准和射击的知识，并且嘱咐他必须寻找各种鸟去练习。

那个人听了老猎人的话，以为只要知道如何打猎就已经能打猎了，于是他持枪来到树林。但当他一进入树林，还没有举起枪，鸟就飞走了。

于是他又来找老猎人，他说："鸟是机灵的，我没有看见它们，它们先看见我，等我一举起枪，鸟早已飞走了。"

猎人说："你是想打那不会飞的鸟吗？"

他说："说实在的，在我想打鸟的时候，要是鸟不会飞该多好啊!”

猎人说:“你回去,找一张硬纸,在上面画一只鸟,把硬纸挂在树上,朝那鸟打,你一定会成功的。”

那个人回到家,照老猎人说的做了,试验着打了几枪,却没有一枪能打中,只好又去找猎人。他说:“我照你说的做了,可还是打不中画中的鸟。”老猎人问他什么原因,他说:“可能是画太小,也可能是距离太远。”

老猎人沉思一会,向他说:“对你的决心,我很感动。你回去,把一张大一些的纸挂在树上,朝那一张纸打,这一次你会成功的。”

那人很忧虑地说:“还是那个距离吗?”

猎人说:“由你自己决定。”

那人又问:“那纸上还是画着鸟吗?”

猎人说:“不。”

那人苦笑了,说:“那不是打纸吗?”

猎人很严肃地说:“我的意思是,你先朝着纸只管打,打完了,就在有孔的地方画上鸟,打几个孔,就画几只鸟——这对你来说,是最有把握的了。”

一位爱子心切、望子成龙的父亲,每天担心他的孩子不爱读书,不好好读书。孩子一回家便马上板起面孔指责他,甚至连他每天说教的内容都是一样的。没有鼓励,没有协助,更没有诱导。看不出新的希望,新的前途和新的发展空间。他最后绝望了、疲惫了,亲密无间的家庭气氛也消失得无影无踪了。既然孩子不善于念书，那就引导他学一技之长吧！但这个父亲执着于“念书才有前途”的观念，看不出学一技之长也是实现幸福人生的途径之一。如果孩子对读书没有兴趣，你作为家长又不支持他、鼓励他学一技之长，这孩子不就走投无路了吗？不必徒劳地为孩子的前途担心。你所要做的只是鼓励他对自己负责。现在好好学一技之长，说不定有一天他又想回学校学习知识。那时候，他知道自己需要什么，内心产生对知识的渴求，自然会对读书有兴趣。你现在非要强迫他升学念书，不但会使他产生对读书的厌恶，亲子之间的感情也遭到了破坏，读书的机会就更少了。过度的执着使自己失去教育的原则性，扼杀孩子的自我发现之心，切断他的自我实现的道路。过度执着，即心理奴隶就会让人失去创意，失去清醒，它让我们丢失正确的回应而陷入困境。

有一位女士娘家有亲人过世，婆婆一本正经地告诉她：“你们夫妻俩不能回娘家，丧宅有阴气，对你们不利”。人们在听到她说之前已经回家好几次了，一切平安无事，自从听了婆婆的话，丈夫开始禁止她回娘家。两个人为这件事争执了起来，闹得一夜都没有睡好。到了第二天早上，丈夫说：“你看，晦气真的影响到我们家了。它让我们吵，让我们夫妻不和。”她没有回答，也没有再说什么，只是提醒自己，丈夫已经成了婆婆那句话的“心理奴隶”。她决定不说破，只是偷偷地回娘家省亲。事过一年后，她才告诉先生说：“人最怕迷信和过分执着，这会导致思想上的压力。你当时把吵架的原因归结在丧宅的晦气上是不对的。”于是，她把一年前偷偷回家的事，婉转地告诉了先生。“这一年来，我们不是和睦相处，一点气也没有吗?”先生静静地听完她的话，沉默片刻，接下去说：“太太！你说得对。在争吵之后，我也进行深深地反省。其实那几天，我也偷偷地探望了你的娘家呀!”

这对夫妻是从过分压力中解脱出来，摆脱了心理奴隶的人。她说：“每一个人都有生有死，我们不能简单地把生归结为阳，把死归结于阴，生死都是人生自然的事。真正的问题是我们用慈悲之心迎生送死，从中看清生命，体验人性的温暖。我们要在生死之中生活得自由自在，不是执着在生死之中产生压力和恐惧。”

若是懊丧将万事俱灰

懊丧是人自觉言行不满而产生的一种不安情绪。它是一种心理上的自我指责、自我的不安全感和对未来害怕等几种心理活动的混合物。

懊丧成习的人绝不是个“马大哈”，他没学到“马大哈”对人对己的办法，不会得过且过，也不能对人对己都马马虎虎，相反，处事谨慎，处处提防自己行为不要出格。一旦有了行为的失检，总是害怕大难临头。同时，懊丧的人也有很强的“良心”自控力，即使没有什么严重后果，他也决不饶恕自己。

容易懊丧的人是与世无争的好人。他们心地善良，洁身自好，习惯在处事中忍让、退缩、息事宁人，常常是生活中的弱者，生性胆小、怯懦。他不仅对自己的言行不检“负责”，甚至对别人的过错也“负责”。明明是别人瞪了自己一眼，他也会立即觉得自己肯定作了不好的事。

极端懊丧的人常用反常性的方法保护自己。越是怕出错，越是将眼睛盯在过错上。一句话会后悔半天，人家并未介意的事他也神经过敏。他对人际冲突极为恐惧，解决人际冲突的办法也很奇怪。自己的孩子被人家打了，他还跟着打自己的孩子，因为孩子给自己惹是生非。

与别人发生冲突，在对方恃强要挟之下，他会当众打自己耳光，以求宽恕。同时用这种办法来平衡自己的苦闷，“因为我该打，打了自己才心安理得。”

平常的人也有懊丧情绪。表现事情发生后的自我检查，总结不足，找出不足的原因，从而在以后的行动中作积极的调整。就这一点来说，人人都会有懊丧，它是人类进步的校正器。但极端的懊丧却是心理不健康的表现，必须进行适当调适。

人们经常不自觉地用一种刀子来刻画自己的形象，“因为我是忠厚无能的人，所以我能忍气吞声，宁愿伤害自己也不指责对方。”这种形象一旦刻画成功，品尝“后悔”的苦酒就成为一种自我安慰的“享受”。习惯成自然，一事过后，不是寻求胜利的喜悦，而是寻觅不幸与失误。只有打破这种感情体验的习惯，才能克服懊丧。

开朗人的特点是把眼光盯在未来的希望上，把烦恼抛在脑后。只要让更具有意义的事占据你的脑际，你的心就会亮堂一点。

有的人害怕行为失误给自己带来危险，其实真正危险的不是危险本身，害怕危险的心理，比危险本身还要可怕一万倍。

运动场上的胜利者，常常面带笑容，这就是因为他这时陶醉在优越感里。当我们观赏滑稽故事或相声时，也都会被引得哈哈大笑起来。

如果你能积极利用这种笑的效果，则可医治因失败而产生的悲观和心理的紧张，甚至可将绝望感吹得无影无踪。怪不得有许多人在怏怏不乐时，就会跑到游乐场所去调剂一下情绪。同样地，如果在忧郁的时候，读一读身旁的漫画，或幽默小说，心情也立刻会开朗起来，甚至干劲十足。换句话说，利用外界的刺激，来引发自己大笑，便会使自己恢复优越感或自信心。

同样地，不管想尽什么办法，都不易把忧郁症消除殆尽。在这种情况之下，最有效的办法，莫过于先创造一个令人发笑的环境。

不愉快的心情常会因阅读幽默小说或漫画，而在不知不觉中开朗起来，当然，斗志也跟着旺盛起来。

第十一章

事业成功的保障

授人玫瑰，手留余香

大千世界，人海茫茫。芸芸众生中，我们能够认识的人是有限的。只要能够相逢，便是一种缘分。人与人之间本没有深仇大恨，没有必要去算计别人。

当伸出自己的腿去绊倒别人的同时，自己的腿也会因此受到不同程度的伤害，这是损人不利己的事情，正如抓起一把泥土去扔向他人的同时会弄脏自己的手一样。与其害人，不如帮人。

正所谓“授人玫瑰，手留余香”，在帮助他人的同时，自己也能从中得到精神上的享受。在有些时候，它还会让人体会到一种无比珍贵的感动。

一个风雨交加的夜晚，住在偏僻山村里的一位妇女面临着一场考验，因为此时的她即将临盆。当时，她的丈夫远在他乡，陪在她身边的只有她 6 岁的小女儿。在这种情况下，她报了警，希望警察能够把她送到医院。然而不巧的是，当时很多地方都因为这场暴风雨而出现了山体滑坡、泥石流等紧急状况，除了留守的一位警员外，所有的警察都投入到援救工作中去了。无奈之下，这位留守警员只好向当地服务社团请求协助。

该团团长接到电话后立即开车把那位妇女送到了医院，保住了她和肚子里胎儿的性命。手术完成后，妇女告诉团长说担心家里的女儿。团长立即给各个团员打电话，结果只有一个平时表现很差、被称为“落后分子”的团员闲着，只好让他去接妇女的小女儿。

这个团员虽然很不情愿，但还是被团长的严肃态度给震慑住了。他烦躁地从家里出发，一路颠簸之后来到了妇女的家。他一边抱怨该死的天气，一边抱怨颠簸的道路，直到敲开前。门开后，小女孩的第一句话就让他感到有些无所适从：“你好，你是上帝吗?”他愣住了，不要说上帝，在整个服务社团中自己连一个合格的团员都算不上。他虽然有些难堪，但还是想弄懂眼前这个小女孩话中的意思。

路上，小女孩告诉这个团员，她妈妈在出门时曾对她说，只有上帝才会来救她们。来时的种种不快顿时消失得无影无踪，他对小女孩说他不是上帝，而是她的朋友。从那一刻起，他变了，变得不再懒懒散散，而是决定做一个优秀的团员。

小女孩的一句话改变了这个落后团员的人生态度，而这仅仅源于他做了一件轻而易举的善事。其实，每个人都有做善事的能力，因为做善事并不需要付出很多。比如，在公交车上给孕妇或老人让座、看到别人要摔跤时赶紧上前扶上一把，看到同事心情不好时安慰一下等等。每做一件善事，就是对心灵的一次涤荡，在感动他人的时候也会让自己享受那份感动。

在有些时候，帮助他人还能够为自己带来一些意想不到的收获。

莫桑继承父业，经营了一家食品店。在莫桑接手之前，这家食品店在当地已经有着良好的信誉，生意一直都很兴隆。接手后，莫桑满怀抱负，想将它发扬光大。

一天晚上，莫桑的食品店已经打烊了。正要关店门时，一个面黄肌瘦、衣衫褴褛、双眼深陷的年轻人出现在他的面前：这个年轻人看上去好像已经几天没吃过东西了。

莫桑是个心地善良、乐于助人的人。他客气地对那个年轻人说道："小伙子，我能帮你什么忙吗？"年轻人虚弱地说："这里有吃的东西吗？"他说话的声音虽然很虚弱，但莫桑还是听清楚了他的意思。

年轻人害羞地低着头小声说："我来自墨西哥，到这里来是为了找工作。可是整整两个月了，我却没有找到一份合适的工作。我父亲年轻时也来过美国，他告诉我说你们店的信誉非常好……我好几天没吃过东西了，也没有钱回家。你能不能……"莫桑知道眼前站着的这个人只不过是多年前一位顾客的儿子，并且这一点还未得到证实，可是他还是决定帮助这个小伙子。他让妻子把年轻人请进店内，并给他做了一顿丰盛的晚餐，然后给了他回家的路费。

十几年过去了，莫桑的生意越来越好，在美国许多地方都开了分店。接着，他决定将生意做到海外去，可问题在于他在海外没有根基，要想发展必须从头做起，而从头做起并不是件容易的事。为此，莫桑一直拿不定主意。正在这时，他收到一封来自墨西哥的信。他惊奇地发现，给他写信的这个人正是多年前那个他曾帮助过的流浪年轻人。此人通过自己的努力，已经成为墨西哥一家大公司的总经理。他在信中表明，要感谢莫桑的帮助，并想与他共创事业。这个消息的到来，给莫桑带来了莫大的喜讯。他喜出望外地给那位年轻人回了一封信，并表示愿意与他合作。不久，莫桑在那个年轻人的帮助下很快在墨西哥开设了分店。

在有些时候，帮助他人也是在帮助自己。

古时候，甲和乙结伴翻越雪山。途中，他们见到一个人奄奄一息地躺卧在雪地上。如果没有人帮助的话，这个人势必要被飘散的大雪掩埋。虽然与他素不相识，但甲不忍心看着他就这样死去。见甲要把此人背上，乙大声劝阻道："这个人不能带给我们任何好处，他最多是个累赘，不要因他而丢失了我们的性命。"然而，甲还是坚决地背起了这个人。为了能尽快翻过雪山，乙与甲匆匆告别。

接着，甲背着的这个人渐渐苏醒了。他们并道前行，不久便追上了乙。不过，此时的乙已经永远沉睡下去，再也无法醒来。

每个人都会遇到困难，每个人都有需要帮助的时候。当别人有难的时候，请及时伸出援助之手，千万不要光打雷不下雨。

庄子一家人生活贫困，总是过着穷苦的日子。但庄子从来不愿意向别人求助，除非到了万不得已的地步。

一次，庄子家无米下锅，全家老小都饿得头昏眼花的。庄子被逼无奈，只好出去借粮。他找到了当地治理河道的官吏。庄子难为情地说出了自己上门拜访的目的，这位官吏二话没说，一口答应了庄子的求助："没问题，过段日子等我将各种河道费用收上来后，立即借给你几百两银子。"

听到官吏说出这样的话后，庄子非常生气。接着，他稳定了一下情绪，和官吏拉起家常来。他对这位官吏说："昨天，我在赶往你家的时候，在半路上突然听到一阵急促的求救声。我向四周看了看，连人影都没发现。但是，求救声仍然不断地在我耳边响起。于是，我顺着声音发出的方向找了过去，结果在一个较深的车辙里发现了一条鱼。"

说到这里，庄子停顿了一会。他用愤怒的眼光瞅了瞅官吏，然后接着说道："这条鱼见到我后，给我讲述了它的悲惨遭遇。它告诉我，它以前居住在东海，过着无忧无虑的生活。然而造化弄人，经过无数次的偶然后，它竟然要在几乎干涸的车辙里生活。为了能够维持生命，它不得不用尽自己仅有的体力向路人求救。所以它看到我后，如同看到了救星，立即哀求我在车辙中放点水。"

听到这里，这位官吏忍不住问了一句："这条鱼这么可怜，它如此哀求你，你有没有弄些水放在车辙里呢？"

庄子尽力控制住自己愤怒的情绪，冷冰冰地答道："我答应了那条鱼的请求，并对它说，过段日子我就要去南方，到时候可以劝说南方治理大海的官吏引流，然后它就可以回东海了，不用再待在这个干涸的车辙里。"

这位官吏听了庄子救鱼的方法后，觉得庄子的做法非常荒谬，他问庄子怎么可以这样去帮助一条即将死去的鱼。

庄子见官吏仍不开窍，顺势说道："你的想法和那条鱼的想法差不多。当那条鱼听完我的话后，差点气得晕了过去。它对我说，它现在连命都保不住了，更不指望能回到东海去。对现在的它来说，满满的一车辙水已经足够了。至于我所说的引流，它觉得毫无意义。它说在我把水引来之前，自己可能早就变成了死鱼片！"

其实，只要有付出总会有回报，只是回报的方式不一样。一个时时向他人伸出援手的人是一个心情愉快的人，因为他既然懂得珍惜他人，就更会懂得珍惜自己。一个懂得珍惜自己的人自然会积极向上地生活和工作，更能感受到生命的意义和真谛！

莫言世态凉，要居安思危

世态炎凉是社会现象，没有必要为此长吁短叹；久盛必衰是自然规律，衰时抱怨徒劳无益。

一个得意的人在遭遇失意的时候，往日门庭若市的热闹景象便会在刹那间转变成门可罗雀的凄凉。伴随着这种巨大落差的出现，很少有人不会发出世态炎凉的感慨，痛恨人们的趋炎附势。之所以会产生这样的想法，关键在于人们常常把得意当作理所当然。

“十年寒窗无人识，一举成名天下知”是中国古代读书人的真实写照。他们刻苦读书，废寝忘食，目的就是扬名天下，要么光宗耀祖，要么建功立业。等到功成名就的那一天，他们会为自己感到骄傲和自豪，自然而然地认为付出了那么多的努力，就应该得到这么多的回报。然而，花无百日红，人无百年好。草木荣枯是自然现象，个人盛衰是社会现象，都是符合一定规律的。当由得意变成失意的时候，看着一个个曾经与自己亲密交往的人纷纷离去，他们难免会为此愤愤不平。当然，不只是读书人，任何一个能够让自己家变得门庭若市的人都付出了常人难有的艰辛。对于任何一个人来讲，忍受艰辛都要比忍受失意容易得多，就连被后人传颂的孟尝君也是如此。

孟尝君通达时，府上食客多达三千。等到他落魄的时候，这些食客却作鸟兽散。后来在食客冯谖的竭力帮助下，孟尝君得以东山再起。不料，往日离他而去的食客又争先恐后地前来投奔。看到世态炎凉、食客趋炎附势的这种情况，孟尝君万分感慨地对冯谖说："我是个好客的人，接待客人时生怕不能周全，于是食客纷纷投奔我，先生是知道这点的。这些食客见我被罢黜后，毫不犹豫地离开我，根本不念及往日我对他们的恩情。如今在先生的帮助下，我得以复位，这些食客有什么颜面来见我！如果这些食客中有再来见我的人，我一定要把唾沫狠狠地吐在他的脸上，以此来羞辱他。"听了孟尝君的这番话后，冯谖劝道："自然界存在着规律，人世间存在着常情。有生必有死，这是自然规律；富贵后会得到很多士人的亲近，贫贱时很少有朋友，这是人之常情。主人难道没有见过集市上的情景吗？每天早上，人们摩肩接踵，即使侧着身子也要挤进集市；等到天色渐晚时，即使集市上有人掉了胳臂也没人看见。并不是人们喜欢早晨而厌恶日暮，只是因为他们想要的东西在早晨而不在日暮。因此，主人不要因失位时宾客离去而怨恨士人、关闭宾客前来投奔的大门。希望主人能够像往常一样对待宾客。"

后来，孟尝君采纳了冯谖的建议，以一颗平常心看待世态炎凉，一如既往地招待宾客。不久，天下奇才又纷纷集聚孟尝君的府上，为孟尝君以后的发展蓄积了丰厚的资源。

其实，只要以一种淡泊的心态来对待得意和失意，就能够发现世态炎凉是一种正常的社会现象。天下熙熙，皆为利来；天下攘攘，皆为利往。虽然每个人都有自己的生活方式，但任何一种生活方式都与利益相关。一个有声望、有地位的人自然能够办成常人难以办成的事情，于是很多人争先恐后地与他们交往，为的就是在合适的时候通过一定的形式得到他的帮助。与此相反，没有人愿意与一个声名狼藉、负债累累的人交往，因为这样的人只会给自己添麻烦。朋友之所以能够成为朋友，在于双方都能够从对方身上得到一定的东西，无论是物质上的还是精神上的。一旦有一方不能从对方身上找到自己所需的东西，那么这种朋友关系也将逐渐变淡以至终止。站在这个角度来讲，朋友也是建立在利益的基础上的，只是没有经商中的利益关系那么明显。

各人有各人的难处，在失意的时候不必要拉别人下水。同时，在得意的时候，也不要将在失意时疏远自己的人拒之门外，因为这种做法并无意义。当一个人再次失意的时候，世态炎凉同样存在。

三国时期，曹操在官渡一战中以少胜多，把袁绍的十万大军打得溃不成军。曹操非常高兴，将从袁绍处得到的战利品赏给了军士。在袁绍营中，曹操与众将领发现了一束书信。这些书信都是许都和军中的一些人写给袁绍的，是军中叛徒与袁绍勾结的证据。于是，众将领说道：“可以将这些书信作者一一查对，然后一并按军法处治。”曹操却说道：“他们之所以这样做，是因为那时袁绍的实力雄厚，连我自己都不能自保，更何况他人呢?”然后他便让人烧掉了这些书信，不再过问此事。无疑，曹操的做法获得了手下将领的拥戴。

曹操虽然被称为奸雄，但他对世态炎凉的领悟却是非常正确的。他之所以能够做到这点，正是因为他能够体会到他人的难处。

与其与社会现象较劲，去埋怨、指责或是报复“移情别恋”的人，不如花点时间去想想自己失意的原因，然后采取正确的方式来对待它。如果是在阴沟里翻船，就要引以为戒，在以后争取功名的途中不要再犯同样的错误；如果是因为已经在某个方向达到鼎盛所至，不妨换个方向发展。

饱学心不虚，读书不负人

人一生之中，需要学习的东西有很多。只有不断学习，才会得到越来越多的积累。如此一来，便可厚积薄发，受用无穷。

《淮南子》中说："末不可以强于本，指不可以大于臂。下轻上重，其覆必易。"积累的过程是根本，运用的过程是结果。如果不能保证根深蒂固，就不可能枝繁叶茂；如果不能有一个良好的学习积累的过程，在需要运用的时候就会因准备得不充分而陷入尴尬境地。

苏东坡年轻时比较自负，常常摆出一副恃才傲物、锋芒逼人的架势。一天，苏东坡去拜访王安石。谈话中，王安石提到自己一本关于说文解字的著作《守说》，要与苏东坡探讨。谈到"坡"字时，王安石说："'坡'字从土，从皮，'坡'就是土的皮。"苏东坡闻言笑道："如果照这么说，'滑'字就是水的骨啦。"王安石又说："'鲵'字从鱼，从儿，合起来就是鱼子。四匹马叫'驷'，天虫写作'蚕'。古人造字，自有它的含义。"苏东坡故意说："照此说来，'鸠'字是九鸟，你知道其中的原因吗？"王安石一时不知如何对答，连忙虚心向他请教。苏东坡笑着说："《毛诗》说'鸤鸠在桑，其子七兮。'加上它们的爹妈，一共是九个。"王安石听后觉得解释得很妙，心中暗暗欣赏苏东坡的聪明才智，但同时觉得他有些轻狂。

后来，苏东坡遭到贬谪，由翰林学士降职为湖州刺史。三年期满后，他又回到了京城。回城后，苏东坡想起自己当年曾得罪过王安石这位老太师，于是匆匆地骑马奔往王安石居住的丞相府。到了相府门口后，守门人告诉他说王安石正在休息，让他稍等片刻。

接着，苏东坡在府中转悠。不经意间，他看到砚台下有一叠素笺。拿起砚台后，他看到上面的一张素笺上有一首名为《咏菊》的诗，不过只有两句。从笔迹中可以看出此诗是王安石所写，他不禁得意起来："几年前这老头儿下笔千言，不用思索；现在却是江郎才尽，四句诗还要分几次来写！"他拿起诗稿念了一遍："西风昨夜过园林，吹落黄花满地金。"念完之后，他连连摇头："这两句诗纯属胡说八道。一年四季的风都各有名称，春天为和风，夏天为熏风，秋天为金风，冬天为朔风。而这首诗的开头说'西风'，西方属金，应该是说的秋季。既然诗名为《咏菊》，第二句中的'黄花'指的无疑是菊花。菊花开于深秋，能够傲立于寒风之中，即使叶黄枝枯也不会掉落花瓣，显然，'吹落黄花满地金'是错误的。"

分析完王安石的诗句后，苏东坡顿时兴奋不已，不由得举笔蘸墨，依韵续了两句："秋花不比春花落，说与诗人仔细吟。"写完后，他觉得有些不妥，如果就这样把诗稿放在那，无疑会伤了王安石的脸面；但如果把诗稿藏起来，王安石寻不见，就有可能责怪府内的人。一番思考后，他把诗稿按原样放好，然后走出门来并对守门人说："一会儿老太师出堂，你禀告他，说苏某在这里伺候多时。现有一些事没有办妥，明天再来拜见。"然后告辞离去。

不多时，王安石从正堂走出，看到诗稿后立即皱起眉头问道："刚才有谁到过这里？"下人们忙禀告："湖州府苏老爷曾来过。"王安石一看，果然是苏东坡的笔迹，心下直犯嘀咕："这个苏东坡，遭贬三年仍不改轻薄之性，不想自己才疏学浅，竟敢来讥讽老夫！"接着，他转念一想："这也不能怪他，毕竟他不曾去过黄州，没有见过菊花在秋天落瓣的现象。"接着，王安石细查了一下黄州府缺官名单，见那里单缺一个团练副使，于是奏明皇上，把苏东坡贬到了黄州。

苏东坡到了黄州后，亲眼看见了秋菊落瓣的景象，才知道是自己错改了王安石的诗，心里非常惭愧，想找个适当的机会向王安石赔罪。当年冬至节即将来临时，黄州太守令他写一张冬至节的贺表，并带着贺表上朝进贺，这正合他的心意。动身去京城的时候，他忽然想起王安石曾嘱咐他回京时取些瞿塘中峡的水，于是决定从水路走，顺路从中峡取水。

路上因太过疲惫，苏东坡不知不觉就睡着了，醒来时船已过中峡，行至下峡。苏东坡吩咐水手马上调转船头，但逆水而行非常困难。这时，他遇见一个老者，便问三峡中哪一峡水好。老者说："三峡之水，昼夜不断，很难分出好坏。"苏东坡想："既然三峡之水相差无几，那么干脆就直接取下峡的水好了。"取完水后，他继续赶路。

见了王安石后，苏东坡拜伏于地，为往日错改诗句向其谢罪。王安石对其并不在意，直接问他有没有取来中峡水。待苏东坡将水敬上后，王安石立即让人煮水冲泡阳羡茶。结果过了许久，水中才略有茶色。

王安石见状问道："这水是从什么地方取来的？"苏东坡回答说："就是从中峡取来的。"王安石又问："你取的真是中峡水？"苏东坡回答说："是啊。"王安石见苏东坡仍不说实话，笑着对他说："你又在欺骗我了。这水明明是下峡的水，你为何非要说是中峡的水呢？"苏东坡感到非常吃惊，于是老老实实把事情经过告诉了王安石。随后，他问王安石如何知道的。王安石先是教育他说："作为读书人，不可以轻举妄动。无论遇到什么事，都要弄得清清楚楚。"接着，他又向苏东坡解释道："上峡的水流得太急，下峡的水流得太缓，只有中峡的水流得不缓不急。太医院官是一位明医，他知道我患了脘变症，所以让我用中峡水泡茶喝。用上峡的水煮阳羡茶，味道较浓；用下峡的水煮阳羡茶，味道较淡；而用中峡的水煮阳羡茶，味道则浓淡适中。如今用你带来的水煮茶，这么久才见茶色，所以我知道你取来的水是下峡水。"

听完王安石有理有据的分析后，苏东坡心悦诚服，再次向王安石谢罪。

一个人知道的东西是有限的，而不知道的东西则是无限的。正因为如此，历史上的名人都会时常感到知识的缺乏，于是通过不遗余力地学习来增长自己的才华。

乾隆皇帝登基30周年之际国泰民安，风调雨顺，可谓皆大欢喜。高兴之余，乾隆皇帝决定效仿秦始皇、汉武帝等功德显赫的帝王举行封禅大典，以流芳百世。

于是，乾隆皇帝在这年秋天率领文武群臣到泰山举行封禅大典。封禅，是由皇帝亲自主持的、最隆重的祀天大典。“封”是筑坛于泰山之顶以报天功的意思，而“禅”字则是除土于泰山下的小山、以报地功的意思。这是一项非常神圣的大礼，并不是每位皇帝都有这个机会的。

乾隆率领着封禅队伍很快抵达济南，略加休息后便开始饱览济南的俊秀风景。济南城内几乎家家流水、户户垂杨，乾隆皇帝住的济南第一庭院——遐园，更是古木苍翠、曲水虹桥、幽静典雅。本来就爱好游山玩水的乾隆皇帝见到这样的宜人风景后游兴大发，于是与和珅、纪晓岚一起游湖。

不久，君臣三人乘着小船来到了位于湖心的历下亭。此亭始建于北魏，一眼望去：雕梁画栋极其华丽壮观，湖面上波光粼粼，荷叶迎风摆动，岸边绿柳婆娑，楼台亭树掩映其间。

乾隆忽然问道：“风景如此优美、建筑如此壮观的历下亭，应该有很多文人骚客为它做过诗文吧？”

和珅马上回答：“有……”

乾隆问：“有哪几位诗人呢，他们做过怎样的诗句？”

见和珅瞠目结舌、无言以对，纪晓岚接过话头答道："微臣记得杜甫在《陪李北海宴历下亭》这首诗中，有两句做得甚妙，曰：'海石此亭古，济南名士多。'"

乾隆皇帝连声称赞，和珅在一旁羞得满脸通红。

三人继续游湖，一路边观赏边品评，不知不觉间便游完了济南四大名泉中的三泉：趵突泉、黑虎泉和珍珠泉。此时已是黄昏时刻，于是纪晓岚、和珅劝皇上回遐园休息，翌日再游。乾隆见天色已晚，便同两位侍臣返回住所。途中，乾隆问道："常说济南有四大名泉，我们今天只看了三泉，那另外一泉是什么啊？"

纪晓岚马上回答："应该是金钱泉。"

乾隆皇帝点头道："对，就是金钱泉，你去过那里？"

纪晓岚答道："微臣尚未去过。只是初到之日，臣向府尹要来一部《济南府志》，看了看上面的记载。"

乾隆皇帝夸赞道："好，好！你果然是个饱读诗书、勤勉上进的才子啊"。

在游湖的第二天，乾隆皇帝率领群臣登泰山。行至对松山时，乾隆皇帝在岩壁上挥笔写下了"岱宗绝佳处"五个大字。

第三天，乾隆皇帝早早起来到玉皇顶看日出。此时的乾隆皇帝异常兴奋，让纪晓岚、刘墉、和珅等人或吟诗或作对。待一一做过之后，乾隆皇帝才到玉皇顶附近的东岳庙祭祀。在庙北的弥高岩下，乾隆皇帝忽然想起《论语》里的一个句子，便想借此考一考纪晓岚：

"仰之弥高，钻之弥坚，可以语上也。"

吟完此句后，乾隆皇帝洋洋自得地等着看纪晓岚无言以对的样子。谁知纪晓岚不假思索地对出：

“出乎其类，拔乎其萃，宜若登天焉。”

同样是《论语》中的句子，对得工整又流畅，颇有浑然天成之感，在场的人包括乾隆皇帝都赞叹不已！

纪晓岚面对乾隆皇帝的提问能够对答如流，这与他平时的学习积累是分不开的。当读到有关纪晓岚的故事后，我们不能仅限于对他表示羡慕之情，更重要的是看到他在风光背后付出的努力。

知识是无限的，学富五车也不过是皮毛而已。只有不断学习，才能不断地吸收新东西，从而更加受用。

没有任何缺点的人是不存在的

有贤豪之士，不限于下位；有智略之才，不必试以弓马；有山林之杰，不可薄其贫贱。

金无足赤，人无完人，毫无缺点的人是不可能存在的。正所谓“一人难调百口”，在评价同一个人的时候，不同的人也会有不同的看法。因此，在不能得到所有人满意的时候，很多人都会安慰自己：“不求尽如人意，但求问心无愧。”既然懂得如何为自己解围，就不要处处苛求别人。

《世说新语》中有这样一个故事：管宁和华歆原是同窗好友，二人经常同坐在一张席子上读书。后来有一天，有个显贵人物前呼后拥地从他们门口经过，管宁照旧读书，而华歆却放下书本去看热闹。不料管宁就此割断席子，将座位一分为二，提出与华歆绝交。

水至清则无徒，人至察则无徒。一个事事苛求的人，很难得到一个真正的朋友。朋友之间不应过于苛刻，只有多一分理解，才能保证友情的持久。

与管宁不同的是，鲍叔牙却能够做到不苛求，时时为管仲着想。两个一起做生意时，管仲出力少却得利多；在上战场打仗的时候，管仲屡屡做逃兵。如果以管宁对待朋友的标准来衡量管仲，鲍叔牙与他绝交10次恐怕都不止。可是鲍叔牙并没有这样做，知道管仲家贫，于是主动放弃一些利益；知道管仲家有老母，做逃兵是为了尽孝道。当齐桓公要求鲍叔牙主管朝政的时候，鲍叔牙又竭力举荐管仲，认为管仲治国的才学高于他，只有管仲才是辅佐齐桓公称霸的不二人选。鲍叔牙的行为流芳百世，不仅仅是因为他的眼光，更因为他对朋友的理解和支持。

交友如此，用人也应该如此。《汉书》中说："论大功者不录小过，举大善者不疵细瑕。"当一个人有才华时，聪明的用人者会毫不犹豫地忽略他的缺点，然后将他的才华发挥得恰到好处，从而使自己的事业更加辉煌。

美国南北战争初期，北军处于被动地位，主要原因是该军将领的才能比不上南军将领。依照宪法，全军有一位总司令，在实际战场上另有陆军司令和海军司令。

身为北军总司令的林肯所依靠的第一位陆军司令是麦克莱伦将军，此人虽然有些才能，但怯于拼刺刀。他曾率军逼近南方首都里士满，但却突然因胆怯止步，结果给南军以喘息之机，并被南军击败。更为可恶的是，此人骄傲自满，把林肯看作乡下佬，根本不听林肯指挥。

1861年11月的一个夜晚，林肯与秘书约翰·海、国务卿西华德一起来到麦克莱伦寓所。当时，麦克莱伦的仆人说他参加婚礼去了，很快就回来。然而，事实并非如此。

“我们进屋等了约一个小时，麦克莱伦回来了。”约翰·海在日记中写道，“仆人告诉他，总统在客厅等他，但他却从总统和国务卿所在的房间门前走过并径直上楼去了。总统又等了约半个小时，再次派仆人去告诉将军，他们仍等着，但得到的却是冷冰冰的回话，说将军已上床睡觉了。”

约翰·海在日记中继续写道：“回家后，我对总统谈到这件事，但他似乎并不在意。他说，特别是在这个时候，最好不要去计较繁文缛节和个人尊严。”后来，林肯又说：“只要麦克莱伦能为我们赢得胜利，我情愿为他牵马。”

然而，麦克莱伦并未给林肯带来胜仗。林肯忍无可忍，于1862年11月5日发表了撤职令：兹命令解除麦克莱伦少将波托马克军团司令的职务，由伯恩赛德少将接任该军团司令。

接着，胡克少将接替了伯恩赛德，米德少将又接替了胡克。1863年7月，南军统帅罗伯特·李将军进军宾夕法尼亚，米德在葛底斯堡抵住南军。一场大仗过后，双方死伤惨重，罗伯特·李不得不宣布撤退。林肯命令米德追击，但米德却违抗了军令，率军返回。

次日，儿子罗伯特看到林肯在办公桌上暗泣，便问道：“爸爸，发生了什么事?”林肯说：“米德将军放走了罗伯特·李将军，我们将为此多死10万人。”

后来，林肯又换了一位将军，他就是取得维克斯堡大捷的格兰特少将。当时，林肯把他召到华盛顿，并加封他为中将。有人控告格兰特有酗酒的毛病，一个由纽约教会人士组成的代表团为此谒见林肯，认为不应对其委以重任。

林肯耐心地听完了他们的话，然后问道："请问你们知道他喝的酒是什么牌子吗？"得到否定的答案后，他接着说："很遗憾。如果你们能告诉我是什么牌子，我将购置这种酒，然后分发给各战场司令，以便让他们喝了后也可以打胜仗。"

林肯便是一个不苛求的人，他看重的是一个人的才能。如果因为小毛病而对一个人的出众才华视而不见，这样的用人者无疑是个孤立者，因为他永远找不到一个可用的人才。毕竟，每个人都有缺点，包括用人者自己。

子思在卫国的时候，很看重苟恋的才能。于是，他把苟恋推荐给了卫王。

他对卫王说："苟恋具有统帅的才能，他可以轻松指挥500辆战车。如果大王您能重用他，那么卫国的军队实力必会大增，到时候肯定会攻无不胜，战无不克。"

卫王听了子思的话后，有些遗憾地说："其实我也知道苟恋有统帅的才能，但他曾经做了一件很不光彩的事情。以前他在做小吏的时候，有一次去收税，竟然在一户百姓家要了两个鸡蛋吃。你说说，他做了这样的事，我怎么还能用他呢？"

子思摇了摇头说："不知大王有没有听说过心灵手巧的木匠们是如何选用木材的。他们在选用木材的时候，会毫不犹豫地将木材腐烂的部分丢掉，留下有用的部分。如果遇到有些许腐烂的合抱之木，他们会更加高兴，因为他们知道只要把这没有大碍的腐烂部分挖掉，就可以凭着自己精湛的木工技术将这合抱之木变成精美雅致的器具。英明的君主在选择人才的时候会像精明的木匠选用木材一样，忽略人才的瑕疵，从而充分发挥人才的作用，使国家更加强大。如今，荀恋便是一个栋梁之材，如果仅仅因为两个鸡蛋就对他的才能视而不见，对国家来说，将是多么大的损失啊！”

汉高祖刘邦在做汉王的时候也曾犯过卫王这样的毛病，差点把韬略十足的陈平给抛弃。

陈平初到汉营时，就受到汉王刘邦的赏识。周勃、灌婴等人固然不满，于是在汉王面前说陈平的坏话：“陈平虽然是个美男子，但他的美貌正如帽子上的美玉，不过是装饰而已，不能证明他有真本领。臣听说陈平居家时与嫂子私通，羁旅时反复无常，先在魏王处做事，后又在楚王处做事，如今又归附汉王您。大王让他担任护军之职，他却借此收受贿赂，根据送礼的多少来安排送礼人的去处。希望大王明察。”汉王于是召来举荐陈平的魏无知，把他狠狠批评了一顿。魏无知辩解道：“我之所以举荐陈平，是因为他有才能，大王问的却是他的品行。尾生、孝已这样的人虽然有好的品行，但却没有战胜敌人的谋略，即使现在有这样的人存在，大王难道有时间去用他们吗？如今楚汉对峙，臣在举荐的时候考虑的只是一个人的计谋能否对国家有利，而不是去考虑这个人是否与嫂嫂私通、是否受贿等等。”

汉王又召来陈平，并责问：“先生先效忠魏王，接着效忠楚王，如今又跟随我左右，这是一个讲信义的人能够做出的事情吗?”陈平答道：“臣侍奉魏王的时候，魏王不愿意采用臣的建议，所以前去投奔楚王。楚王项羽用人疑人，所信任的只是项氏及其妻子的兄弟，所以臣离开了楚王。听说大王善于用人，所以臣前来归附大王。臣初来此地时身无分文，不收受贿赂就无法安身。如果臣的计谋有可取之处，希望大王采用；否则，请大王把我收受的贿赂充公，并允许我带着无用之身离开。”听了这番话后，汉王先是向他道歉、给予重赏，接着又任命他为监督各位将领的护军中尉。

不久，楚军破坏了汉军粮道，并急攻汉军，汉王被困在荥阳城中。见粮草不济，汉王以割让荥阳以西为条件求和，遭到楚王项羽的拒绝。于是，汉王向陈平问计。陈平利用项王的疑心在楚营中实施离间计，使得范增这位谋略出众的谋士离开了项王。如此一来，项王如同失去一臂。

如果以苛求的眼光来看待万物，即使苦苦搜寻也不会有任何收获，到头来只会把自己折磨得筋疲力尽。既然希望别人理解自己，就应该试着去理解别人。只有这样，才能拥有更多的朋友，才能拥有更多的事业合作伙伴。

刘克庄说：“未必世间无好汉，谁与宽些尺度。”只要不苛求，就能够得到令自己满意的事物。

得饶人处且饶人

以责人之心责己，以恕己之心恕人。

《菜根谭》上说：“人有顽固，要善化为海，如忿而疾之，是以顽济顽。”每个人都会犯错误，但很少有人会心悦诚服地接受另一个人暴风雨般的指责和批评。即使犯错误的人原本想承认错误，也有可能被这种指责和批评方式激怒，从而故意不承认错误或采用明知故犯的方式来表达自己的抵触情绪。

社交界的名人——戴尔夫人，来自长岛的花园城。戴尔夫人说：“最近，我请了少数几个朋友吃午饭，这种场合对我来说很重要。当然，我希望宾主尽欢。我的总招待艾米，一向是我的得力助手，但这一次却让我失望。午宴很失败，根本看不到艾米，他只派个侍者来招待我们。这位侍者对有关一流服务的概念基本上没有意识。每次上菜，他都是最后才端给我的主客。有一次，他竟在很大的盘子里上了一道极小的芹菜，肉没有炖烂，马铃薯油腻腻的，糟透了。我简直气死了，我尽力从头到尾强颜欢笑，

但不断对自己说：‘等我见到艾米再说吧，我一定要好好给他一点颜色看看。’

“这顿午餐是在星期三进行的。第二天晚上，听了为人处世的一课后，我才发觉：即使我教训了艾米一顿也无济于事。他会变得不高兴，跟我作对，反而会使我失去他的帮助。我试着站在他的立场来看这件事：菜不是他买的，也不是他烧的，他的一些手下太笨，他也没有法子。同时也许我的要求太严厉了，火气太太了。所以我不但准备不苛责他，反而决定以一种友善的方式作开场白，以夸奖来开导他。这个方法效验如神。第三天，我见到了艾米，他带着防卫的神色，严阵以待准备争吵。我说：‘听我说，艾米，我要你知道，当我宴客的时候，你若能在场，那对我有多重要！你是纽约最好的招待。当然，我很谅解：菜不是你买的，也不是你烧的。星期三发生的事你也没有办法控制。’我说完这些，艾米的神情开始松弛了。”

“艾米微笑着说：‘的确，夫人，问题出在厨房，不是我的错。’”

“我继续说道：‘艾米，我又安排了其他的宴会，我需要你的建议。你是否认为我们再给厨房一次机会呢?’‘呵，当然，夫人，当然，上次的情形不会再发生了!’”

“下一个星期，我再度邀人午宴。艾米和我一起计划菜单，他主动提出把服务费减收一半。当我和宾客到达的时候，餐桌上被两打美国玫瑰装扮得多彩多姿，艾米亲自在场照应。即使我款待玛莉皇后，服务也不能比那次更周到。食物精美滚热，服务完美无缺，饭菜由四位侍者端上来，而不是一位，最后，艾米亲自端上可口的甜美点心作为结束。”

“散席的时候，我的主客问我：‘你对招待施了什么法术？我从来没见过这么周到的服务。’”

“她说对了。我对艾米施行了友善和诚意的法术。”

戴尔夫人无疑是一位聪明的女士，她不仅让艾米愉快地承认了错误，而且在下一次设宴时得到了艾米的热情服务。然而，生活中却有一部分人不懂得批评的艺术。当发现他人的过错时，他们会变得异常愤怒，立即找到当事人，竹筒倒豆子般地说个没完。他们的本意是让犯错者改正错误，而结果却只是发泄了一通。当然，人在愤怒的时候，常常会说出一些夸张的话来。于是，犯错者便有了反驳的机会，因为他根本没有犯那么大的错误或造成那么严重的后果。接着，一场没完没了的辩驳将会无休止地进行下去。这是多么糟糕！

其实，要想让一个犯错的人改正错误并不难，只要采用了适当的方式。不过，无论选用什么样的方式，都必须要怀有宽恕的态度。

西汉刘向所著的《说苑》一书中记载着这样一个故事。

春秋时期，楚国国君楚庄王在位时，楚国发生了叛乱。楚庄王亲自率领军队将叛乱平息，凯旋。大胜归来，楚庄王非常高兴，为了表示祝贺，他于当晚在宫中设宴，邀请各位臣子入宫共享盛餐。

宫中烛光摇曳，歌舞升平，一派欢乐景象。臣子们开怀畅饮，仍感意犹未尽。楚庄王被这样的情景所感染，为了助兴，他让容貌出众的爱妃许姬为各位臣子敬酒一杯。顿时，宴席上更加热闹。许姬绕着酒桌挨个向群臣敬酒，正在这时，一股大风向大厅猛烈吹来，蜡烛全部熄灭，整个大厅陷入一片黑暗之中。这时，有人突然拉住了许姬的玉臂。许姬非常机智，她忍气吞声，趁黑扯断了这个人的帽缨。很快，大厅中恢复了光明。许姬来到庄王身边，将此事告诉了他。庄王知道后，并没有发怒。他向群臣喊道："能够与群臣同乐，我非常高兴。今晚不必行君臣之礼，大家都把帽缨摘下来吧。"于是，群臣纷纷摘下帽缨。

宴罢，许姬问庄王为什么要这样做。庄王回答道："今晚我与众臣同乐，臣子开怀畅饮，酒后失礼是难以避免的。戏弄你的人自然犯下了欺君之罪，如果当众找出此人，必然要治他死罪。如果此人是有功之臣，治其死罪自然会让将士寒心。失去了人心，就等于失去了国家。"

后来，楚郑两国交战，楚庄王率军作战。由于郑国早有埋伏，庄王被郑军围困。此时，一位副将拼死冲入郑军，将庄王救出。回朝后，庄王欲重赏此人，却被此人辞谢。原来，这位副将便是庆功宴上乘着酒兴摸庄王爱妃许姬玉臂的人。

庆功宴上，一位士兵斟酒时不小心把酒泼在了一位将军的头上。这位将军早已秃顶，受惊后猛然站了起来。顿时，气氛变得十分紧张，所有的人都在静观事态的发展。

这位将军并没有气恼，而是拍拍那位士兵的肩膀说："老弟，谢谢你的好意。不过我秃顶已经多年，不知道这种治疗方法是否管用。”气氛骤然缓解，所有的人都大笑了起来，那位士兵的表情中少了一分害怕，多了几分敬意。

有人说在这两个故事中，副将和士兵的错误都是无意犯下的，情有可原。其实，对于明知故犯的人，同样可以用这种宽容友善的方式来感化他。

一天晚上，老禅师正在禅院里散步。走到墙角的时候，他发现了一张椅子。禅师很快明白了其中的原因：一定是有人不遵守寺规，越墙出去游玩了。老禅师搬开了椅子，蹲在原处。

一会儿，果然有一个小和尚翻墙进来，由于天黑看不清，小和尚跳下墙时正好踩在了老禅师的脊背上。当小和尚双脚落地的时候，才发觉刚才踏的是老禅师。小和尚顿时惊慌失措，不知所言。

令小和尚感到意外的是，老禅师打量了他一番后，并没有厉声责备他，而是以平静的语调说：“夜深了，天比较凉，快去加点衣服吧。”

人非圣贤，孰能无过。当别人犯下错误时，一定要用一颗宽恕的心去原谅他，用一种友善的方式让他从内心深处认识到自己的错误，然后毫无抵触地改正自己的错误。这种做法不仅能够提高自己的修养，增加自己的个人魅力，而且能够使自己得到犯错者的敬重。

《淮南子》中说：“目察秋毫之末，耳不闻雷霆之声；耳调玉石之声，目不见泰山之高。”责人时最忌如此，万万不能抓住别人细小的错误不放，而对别人明显的优点视而不见。

冰释前嫌，重归于好很重要

人与人在交往的过程中，难免会出现小摩擦，从而造成双方的不愉快。这个时候，如果双方都不愿意主动与对方和解，小摩擦就有可能随着时间的流逝在双方面前形成大隔阂，直至形同陌路。其实，这种结果是双方都不愿意看到的。

春秋时期，越国有两个人，他们在同一个地方为官。这两个人的私人感情特别好，是一对亲密无间的好朋友。正因为如此，他们常常共商政事。二人中，一人非常有心计，思维缜密，思考问题能够面面俱到，缺点是做起事来畏首畏尾，优柔寡断；另一人非常有执行力，能够当机立断，有雷厉风行的办事作风，缺点是疏于思考，做事马虎。他们在商讨政事的时候，能够有效地取长补短，从而共同提高了各自的政绩。可是，二人后来因为一些小矛盾而断绝了关系。结果，他们的政绩开始大幅度地下滑，因为他们各自的缺点难以得到弥补，从而成了各自政绩的绊脚石。

一位老者看在眼里，急在心里。他找到二人，语重心长地对他们说："不知道你们有没有听过水母和虾的故事。海中的水母没有眼睛，但动作灵敏，能够很快地猎取食物；虾虽然长有眼睛，却显得笨拙，难以谋生。于是，水母和虾成了一对相互依存的好朋友。虾负责带路，水母负责猎取食物，他们因此拥有快乐的生活。"

"寄居蟹和海葵同样是一对好朋友。寄居蟹通常寄居在空空的螺壳里，一旦定居后，它就会到处寻找合适的海葵，然后将其放在螺壳的入口处。海葵是一个尽职的好门卫，每当它感到危险靠近时，便会展开它葵花般的触手，使得敌人不敢靠近螺壳。寄居蟹总不会忘记海葵为自己做的贡献，每当捕到食物时，总会慷慨地分给海葵一些。它们虽然不是同类，却能够友好相处。"

"再给你们讲一个与此类似的故事。从前有两种动物，他们是蹷鼠和卭岠。蹷鼠小巧灵活，擅长寻食，但由于四肢比较短，遇到强大的敌手时很难逃脱；卭岠个头高大，四肢发达，擅长奔跑，但由于嘴难以接触地面，吃草非常困难。于是，他们开始了无忧无虑的生活。蹷鼠帮助卭岠采集各种草料，让卭岠不再挨饿。一旦有危险，卭岠则背着蹷鼠在野地里飞奔而去。"

"动物之间相互帮助，他们能够从对方的身上得到自己需要的东西。人为什么不能做到呢？听说在遥远的北方有一种'比肩人'，他们肩并肩，身体连在一起，要么同生，要么同死。如果他们双方发生了矛盾而不愿意调和，就会因自己的行为伤害对方，从而对自己也造成伤害。你们两个人的关系就如同比肩人间的相互关系，唯一的区别在于，他们因形体的不可分割而必须友好相处，对于你们来说，事业将你们连在一起。事实已经证明，你们离开了对方，面对的只能是失败。既然如此，为什么还要因一些鸡毛蒜皮的小事伤了和气呢?”

二人听了老者的一番肺腑之言后，深受感动，从此言归于好。

客观来讲，无论是与同事、朋友还是家人之间发生摩擦，都会造成很多麻烦。如果不能和同事处理好小摩擦，就会影响工作；如果不能和朋友、家人处理好小摩擦，就会影响到生活。既然生活在同一片天地中，就要创造出一团和气的气氛。要不然，在家里感受不到温馨，痛苦时没有倾诉的对象，快乐时也没有人与自己共同分享。虽然表面上生活在众人之中，实际上却把自己弄成了孤家寡人，这是不可取的。

无意中与他人产生小摩擦后，要及时主动地去补救，千万不要让流逝的时间冲淡双方原有的友好关系。